RÉFORME ÉLECTORALE.

LE PRINCIPE

ET

L'APPLICATION.

ÉTUDE SUR TIMON, par M. CHAPUYS-MONTLAVILLE, in-32. . . . . 25 c.

MAZAGRAN, journées des 3, 4, 5 et 6 février 1840. Récit, par le même, in-32. . . 50 c.

QUEST-CE QUE LE TIERS ÉTAT, pamphlet publié en 1789 par SIÈYES, précédé d'une étude sur l'auteur par M. Chapuys-Montlaville, 1 vol. in-32 orné du portrait de Sièyes. . 1 f. 25 c.

SAINT-DENIS. — IMPRIMERIE DE PREVOT.

RÉFORME ÉLECTORALE.

LE PRINCIPE

ET

L'APPLICATION

PAR

M. CHAPUYS-MONTLAVILLE,

DÉPUTÉ.

PARIS.

PAGNERRE, ÉDITEUR,

RUE DE SEINE, 14 BIS.

1841.

Ce n'est pas la guerre, mais la paix que nous voulons. Notre but est de réunir au lieu de diviser. Nous cherchons à faire prévaloir la loi de charité. Or, la charité, c'est l'égalité, et il n'y a jamais égalité là où un certain nombre s'attribue naturellement un droit de souveraineté sur autrui. Nous ne dirons pas aux hommes levez-vous et faites prévaloir votre droit par la force et le fer ; la force et le fer tuent et ne fondent rien ; mais nous leur dirons, expliquez-vous les uns avec les autres, combattez par la parole et vous vaincrez par elle.

Nous voudrions que chacun aimât à ce point les autres, qu'il ne consentît jamais en aucune circonstance à porter atteinte au droit d'autrui et à en profiter.

LE PRINCIPE.

Il y a une grande lutte dans le monde. Les majorités sont aux prises avec les minorités ou avec les individus; et ce qui produit la confusion et les déchirements intérieurs, c'est que les sociétés politiques ne sont pas constituées de manière à faire triompher par le seul jeu des pouvoirs publics, les intérêts du grand nombre sur les intérêts étroits, égoïstes du petit nombre ou même des simples individus.

La politique est la science qui est appelée à résoudre ce problème, et j'appelle politique non pas cet ensemble de ruses et de mensonges, de grosses paroles et petits faits, d'expédients honteux, que nos lutteurs modernes inventent quotidiennement depuis dix années pour le service de leur cause, mais bien cette politique large et profonde qui, n'envisageant que les résultats généraux et sérieux; se préoccupe de rechercher les moyens à l'aide desquels on peut faire triompher le droit, assurer la paix et augmenter le bien-être des hommes.

Je reconnais cette grande politique à son allure franche et désintéressée, à son caractère religieux et moral, à son amour passionné pour la vérité et pour le peuple.

Cette politique est universelle, en ce sens qu'elle comprend à la fois tous les temps, tous les lieux, toutes les générations, tous les individus.

Il n'est donc pas vrai de dire qu'elle proscrit certains intérêts et exclut certaines classes. Il est donc souverainement injuste de l'accuser de condamner les riches et de ne favoriser que le pauvre. Elle ne frappe personne, elle protège également les situations diverses dont se compose la société. Si elle veut arriver à donner un peu de prospérité à ceux qui souffrent, ce n'est pas assurément aux dépens de ceux qui jouissent, c'est au moyen du travail, de l'industrie, des fortes habitudes morales, au moyen surtout d'une législation attentive à respecter tous les droits et à aider tous les intérêts. L'objet de ses préoccupations et de son étude, n'est pas tels individus ou telles classes, c'est tous les individus et toutes les classes : elle veut détruire l'antagonisme au lieu de l'étendre. Elle a pour but de rechercher et de trouver des lois qui contribuent au bien-être de tous, en faisant à chacun sa part : elle est la mesure de la Providence.

Cette politique, combattue par les mauvaises passions et par les intérêts individuels, tend à se dégager aujourd'hui des entraves qu'on lui a faites, soit qu'on ait voulu la détruire en son germe, soit qu'on ait tenté de la pousser hors d'elle-même jusqu'à l'absurde. La publicité est son moyen d'action et son préservatif. A mesure que par la presse elle descend dans les intelligences, les sympathies s'éveillent et se généralisent.

C'est en vain qu'on s'oppose à la diffusion de la lumière : elle est subtile et pénètre partout. Il n'y a pas une âme française qui ne soit suffisamment entr'ouverte pour en recevoir un rayon.

Les gouvernements sages, au lieu de s'opposer aux efforts des idées qui cherchent à pénétrer dans les lois, doivent aller au devant d'elles et les introduire dans la législation. Les mauvais gouvernements au contraire résistent ; mais ils finissent toujours par être emportés dans lutte.

Les deux mouvements politiques de 1789 et de 1830 ont prouvé quelle était la conséquence infaillible des réflexions d'un peuple mal gouverné. Car il ne faut ni le dire, ni le penser, nos deux révolutions ne sont pas des mouvements spontanés, des coups de fortune ou des élans de passion : 1789 et 1830 sont le résultat d'un travail sérieux, longuement préparé dans le sein du peuple par l'examen et la méditation.

La révélation des mauvaises choses qui se passaient au plus haut de la société, a déterminé le premier élan des consciences. Quand le peuple a vu que les gens qui le gouvernait passaient leurs jours dans la débauche, et que les impôts arrachés à la terre, à force de fatigues, alimentaient les plus viles passions, que ses intérêts les plus chers étaient sacrifiés à des prostituées ou à des lâches (1), il s'est mis à examiner sa situation vis-à-vis de son gouvernement. L'opinion s'est formée alors, et le pouvoir existant se voyant menacé a voulu combattre cette opinion. La lutte a commencé ; et s'éten-

(1) La Dubarry.— L'abandon de la Pologne.

dant de proche en proche, a fini par engager la nation toute entière et, à travers des phases diverses, l'a conduite providentiellement à la liberté.

La transformation politique ne s'est pas opérée sans de déplorables accidents. Il y a eu du sang versé dans ce grand combat, et que n'a-t-il plu à Dieu d'épargner tant de victimes!

Toutefois, de cette guerre trop sanglante, il est résulté un bien général et immense. L'exploitation intime du peuple par quelques-uns à cessé tout-à-coup, et il a fallu bien des défaites populaires pour qu'elle fût rétablie sous diverses formes au profit d'autres classes et d'autres hommes. Les droits ont été reconnus, le principe de toutes vérités politiques a été consacré; ce principe, c'est la souveraineté du peuple. Inscrit en tête de nos constitutions des premiers temps de la révolution, dédaigné, déchiré, chassé depuis par Napoléon et Louis XVIII, la volonté nationale l'a remis en 1830 à la première place, en avant de la Charte. C'est donc ce principe qui doit dominer la politique de ce pays. La constitution vit en lui et par lui : il l'éclaire, il la féconde ; il l'explique s'il en est besoin : et pour tirer tout de suite sa conséquence la plus essentielle, il faut dire que sans lui la constitution ne serait pas : affaiblissez-le, vous affaiblissez la constitution ; détruisez-le, vous la détruisez.

Enlevez ce principe qui est un droit, la révolution de 1789 et celle de 1830 seront réduites aux proportions de deux émeutes victorieuses, et tous ceux qui ont péri sur ces champs de bataille en défendant les vieilles situations seront des martyrs : tous les changements opérés ne seront plus que des spoliations ou des triomphes de la force sur la possession.

Ils sont donc bien imprudents ceux qui se disent attachés à la constitution et qui s'efforcent de détruire en l'expliquant ou en le niant le principe même sur lequel elle repose.

Ces tentatives ne sont pas parties de quelques points isolés, elles ne sont pas dues à des combattants solitaires ou à des enfants perdus du parti qui gouverne. Elles ont été portées maintes fois à la tribune, discutées avec étendue, et il n'est pas permis de croire qu'il n'y ait pas eu dessein arrêté, préméditation dans ces attaques réitérées contre le principe qui seul légitime les révolutions.

Les esprits les plus subtils ou les génies les plus emportés se sont exercés maintes fois à trouver quelque chose qui ressemblât à un principe, afin de le donner comme base à la politique et à la société, et de remplacer ainsi le principe réel de la souveraineté.

Ces faux prophètes ont mis la discorde dans le camp, la confusion dans les doctrines; mais ni les uns, ni les autres n'ont pu faire prévaloir leurs théories.

Voici les principales: de la nécessité, de la souveraineté du Roi et des Chambres, de la souveraineté du droit divin selon les jacobites, de la souveraineté de l'intelligence, de la souveraineté de la raison. Examinons-les successivement.

De la nécessité en politique.

Le dogme de la nécessité est à la fois fataliste et païen. Il enchaîne l'intelligence et la moralité du citoyen. Le monde moral, devenu partie du monde matériel, est soumis à une certaine rotation qui emporte tout ce qui a vie à la surface; notre existence ne diffère plus essentiellement de celle des animaux. L'homme n'est plus son maître, il ne contribue plus par sa volonté à la marche générale des choses humaines. Il n'est qu'un instrument aveugle entre les mains d'un Dieu, ou qu'un agent limité dans l'ordre matériel; ce n'est qu'une machine.

C'est précisément par ces conditions que ce principe a tant de valeur aux yeux des politiques habiles, retors qui aspirent à être les dieux, ou les metteurs en œuvre, ou les exploitants de ces machines merveilleuses.

En effet, ce principe est élastique : il légitime, excuse tant de choses. Vous opprimez une classe d'individus, vous la mutilez, vous la retranchez de la société, c'est infâme. Que voulez-vous, c'est la nécessité.

En retour, qu'y a-t-il à répondre à ceux qui, après avoir donné l'assaut à un gouvernement et l'avoir renversé, disent debout sur ses débris, c'est la nécessité.

Mais y songez-vous? Voilà la justification de toutes les tyrannies, de tous les meurtres politiques.

Charles IX vous dira, sans la Saint-Barthelémy, la vieille Gaule était protestante depuis les Pyrénées jusques dans les Flandres; et le royaume de Dieu s'amoindrissait. Écoutez Louis XI, si je n'avais pas moissonné à petite faulx ma noblesse et mes vassaux, ils auraient pillé plus à loisir et plus méchamment le pauvre peuple.

Jacques Clément et Ravaillac affirmeront que la nécessité a seule armé leurs bras, et qu'ils ont dû surmonter par devoir la douleur qui les poignait dans l'âme. Louis XIV trouverait là une excuse pour les dragonnades de Nantes et la proscription de ses sujets.

Il n'est pas jusqu'aux flammes de l'inquisition qui ne soient purifiées par ce principe.

A mesure qu'on l'examine, sa portée malfaisante s'étend sous le regard. Deux réflexions.

Qui est-ce qui est juge de la nécessité? Un homme ou quelques hommes au plus, qu'ils soient réunis accidentellement ou qu'ils composent une institution? Or, la destinée d'une nation est remise à la volonté, à la passion, au caprice ou à l'imbécillité d'un seul ou de quelques-uns : ce qui vous semble monstrueux.

De plus, si le mal triomphe, il devient légitime. Le succès glorifie toutes choses : c'est la négation de la morale.

Mais cette doctrine, à l'usage des pouvoirs violents et emportés, se présente insidieusement sous diverses formes; elle s'appelle quelquefois la politique des faits accomplis, ou la souveraineté de la force. C'est alors la brutalité du sabre mise à la place du droit.

A ce compte, les tyrans sont légitimes, et ceux qui, dans l'intérêt de leurs vies ou de leurs consciences, attaquent les échafauds, royalement amoiriés, s'ils succombent, sont des coupables et des factieux.

Ceci ne soutient pas l'examen.

On a bien senti le vide et le danger de ces diverses argumentations; aussi, après s'être servi du principe a-t-on prétendu le rejeter dans le domaine de l'abstraction. On a eu la prétention d'éteindre le soleil et de conserver ses rayons. On a essayé d'emprisonner la souveraineté dans la constitution, on a tenté d'enfermer le principe dans sa conséquence, sa cause dans l'effet, le monde dans une coquille.

De la souveraineté du Roi et des Chambres.

En 1840, dans une occasion solennelle, après la chute d'un ministère tombé sous les balles honteuses du 15 avril, aussi bien que sous les boulets à découvert de l'opposition, un ministre, réputé pour sa hardiesse, surtout pour ses allures vives et déliées, trop oublieux des principes et des faits de la révolution dont il a été l'historien, sans respect pour le passé, sans souci pour l'avenir, a osé dire à la tribune de la chambre élective : « Je ne « reconnais de souveraineté que celle du « Roi et des Chambres. Il n'y a de droit « que dans la loi faite ainsi : hors de là « point de droit. » A ce compte, nous ne vivons, nous ne possédons que sous le bon plaisir de la loi? Les droits de propriété et de vie ne sont pas antérieurs à la loi. La loi ne règle pas seulement l'exercice des droits, elle crée les droits. Tout est dans la loi, tout procède d'elle seule.

Mais c'est renverser la logique, c'est mettre les Pyramides d'Égypte sur leurs pointes aiguës.

Soyez donc avertis, vous tous qui n'êtes pas dans la loi, vous n'avez point de droit. Quand vous demandez la réforme et l'entrée des collèges électoraux, ce n'est pas un droit que vous réclamez, c'est une faveur, une grâce que vous sollicitez. L'électorat devient une simple affaire d'attributions.

Que diraient cependant les souteneurs de cette doctrine, si tout-à-coup (les fictions nous sont-elles défendues) tous les citoyens exclus de la loi électorale venaient frapper du revers de leurs mains les portes du Palais-Bourbon, en demandant que les 459 législateurs qui y trônent, leur reconnaissent le droit de suffrages, tiendraient-ils le même langage? Diraient-ils encore qu'il n'y a de droit que celui qui est fait par la loi, et du haut de la lucarne la plus élevée de cet édifice, le plus hardi d'entr'eux crierait-il à ce peuple: Retirez-vous, bonnes gens, car tel est notre plaisir.

Si de telles paroles en de telles circonstances étaient prononcées, qu'arriverait-il ? Il arriverait que le Palais-Bourbon changerait de maîtres, que ceux qui faisaient la loi ce jour-là disparaîtraient comme ont disparu ceux qui la faisaient avant 1789, ceux qui la faisaient avant 1830. Ce serait tout simplement une révolution qui s'accomplirait.

Si, au contraire, à l'approche de ces masses le parlement français imitait la conduite tenue naguère par le parlement anglais, dans une occasion semblable, si l'orgueil du pouvoir s'affaissait et si vous donniez satisfaction à ces demandes, que deviendrait votre principe? Il faudrait bien avouer qu'il a succombé devant ce que vous appelez la révolte et la faction.

Beau principe, en vérité, que celui qui

peut être balayé par un fait humain, emporté comme un fétu de paille par la tempête populaire ! Beau principe que celui qui peut être conduit à s'annuler lui-même devant une force étrangère. Mais cette force est donc au-dessus de lui ? Qu'est-ce qu'un principe qui reconnaît un maître ?

Un principe est immuable et ne varie pas. Ni les rois dans leur despotisme, ni le peuple dans sa colère, ne peuvent le faire fléchir, l'altérer ou le modifier. L'homme n'a pas d'action sur lui. Les siècles et les événements passent et repassent sans l'entamer, c'est le diamant qui émousse le fer.

Le Roi, les Chambres, voilà la souveraineté. Mais le Roi et les Chambres ne sont pas des créations spontanées et éternelles. Les Chambres et le Roi, je me souviens de leur origine. Qui leur a donné la vie? D'où sortent-ils? Quelle est la cause qui les a produits, la main qui les a portés au pouvoir?

La trinité parlementaire de ce jour n'est pas une cause, c'est un simple effet, la suite, la conséquence réelle ou fausse n'importe, du grand fait de 1830.

La cause, c'est la révolution, c'est le peuple. Le nierez-vous? Qui a renversé Charles X et son long cortège de souvenirs et de grandeurs? Est-ce le Roi? Sont-ce les Chambres? C'est le peuple. Est-ce la Chambre des Pairs, celle des Députés, le roi, qui se sont donnés la vie eux-mêmes? Non, assurément. C'est donc une autre puissance que la leur qui les a faits ce qu'ils sont, cette autre puissance, une fois encore, c'est le peuple.

Le peuple, je le retrouve partout, au

début de tous les faits, de tous les droits; tous ceux qui ont quelque puissance légitime ici-bas sont obligés d'aller puiser à cette source vive.

Le peuple, c'est tout. Une seule force est au-dessus de lui, c'est la puissance infinie, la cause générale et absolue, l'Être.

Ainsi, la puissance et le droit du peuple sont des déductions du principe éternel, des délégations divines.

Ainsi Dieu, cause essentielle et éternelle, le peuple effet premier et général de cette cause, et tous les autres faits de la politique humaine, humbles conséquences, déductions nécessaires de la légitimité populaire.

De la souveraineté du droit divin selon les jacobites.

La puissance et le droit du peuple sont seuls d'origine divine.

Ne venez plus nous dire que certains rois ou quelques races règnent en vertu du droit divin. Où est le décret de Dieu qui leur confère ce grand privilège? Où est-il l'acte céleste qui dément les faits et qui détruit la logique humaine? Où est l'ordre suprême qui interdit à l'homme de suivre l'impulsion de sa conscience? Quel est l'esprit ou l'archange qui est venu apporter à la terre cette justice boiteuse.

Non, non, ne prétendez pas nous tromper; nous ne nous en rapportons pas à des assertions sans preuves. Il faut que nous entendions une voix du ciel pour cesser de croire à nous-mêmes. Si la Providence avait voulu nous assujétir à une famille ou à une race, elle aurait marqué cette famille ou cette race d'un signe particulier, et alors nous nous fussions inclinés devant elle; mais tous ceux qui ont aspiré au sceptre en vertu de ce droit prétendu divin, et qui l'ont porté, étaient de pauvres hommes soumis comme nous à toutes les misères humaines, souffrants du corps et de l'âme, esclaves de leurs passions, et peu soucieux des devoirs de leur charge. On avait beau chercher, on ne retrouvait nulle part dans leur personne la moindre trace de l'empreinte divine: pas un point lumineux sur leur face.

Cependant quelle était l'origine apparente de leur autorité? L'intrigue, la révolte, la guerre ou le meurtre.

Trois races de rois se sont succédées en France dans les premiers temps de notre histoire. Chacune a régné pendant de longues années; elles avaient toutes la consécration du temps. Toutes elles se disaient investies de l'autorité en vertu d'un droit divin. Toutes ont succombé sous des efforts humains. Ainsi, la race triomphante usurpait non seulement le trône et le pouvoir, mais encore le droit divin sur la race vaincue : comme si un droit était une chose matérielle dont la propriété se transmet et appartient à celui qui la porte en sa main.

Il est difficile de pousser plus à l'extrême le ridicule et l'absurde.

En ce temps d'examen sérieux et approfondi, de telles doctrines n'ont plus cours nulle part, je le reconnais, et je n'attribue à aucun parti la folie de vouloir les rétablir.

On a abusé dans des époques d'ignorance, de la sainteté, de la religion pour lui faire consacrer les droits prétendus de certaines royautés. Et cependant rien n'était plus opposé à l'esprit de la religion chrétienne, qui est née dans le sein du peuple, s'est agrandie par lui et avec lui, et dans sa marche à travers le monde a brisé les fers des esclaves et annoncé le royaume de Dieu aux plus pauvres comme aux plus riches.

Le principe de la souveraineté du peuple était tout entier dans la pensée comme dans la pratique du christianisme. Lorsque dans les premiers temps de sa vie, il vivait dans sa splendeur démocratique, l'organisation de l'Église, vaste société des fidèles, appliquait largement le principe de la souveraineté de tous, c'est-à-dire du droit de chacun à contribuer à la formation de la majorité.

C'était la multitude qui nommait les évêques, les prêtres, les diacres, et devant cette puissance à la fois religieuse et populaire, les grands s'effaçaient, les couronnes tombaient, et lorsque Théodose, couvert du sang des citoyens de Thessalonique, se présentait à la porte du sanctuaire, saint Ambroise, l'élu du peuple, l'arrêtait sur le seuil; et le maître du monde, agenouillé sur les dalles, attendait que sa pénitence fût faite. Pendant qu'il pleurait, abattu, abandonné, il entendait les chants de triomphe du pauvre peuple qui se réjouissait dans le Seigneur.

Rois, qui avez fait comme Théodose, qui avez versé le sang de vos sujets, qui, comme lui, n'avez épargné ni le sexe, ni l'âge, qui avez dit à vos satellites, frappez, frappez encore, faites comme lui, priez et pleurez.

De tout cet ensemble de réflexions et de faits, il résulte que la démocratie ne peut jamais être factieuse, puisqu'elle porte le droit avec elle, qu'elle n'est pas impossible, mais qu'elle est au contraire légitime, impérissable, divine et pratique.

La souveraineté du Roi et des Chambres n'est que relative, ce sont des délégués. Le peuple les a faits, ils vivent de la communication de sa puissance.

Ainsi, voilà quelques théories de souveraineté complètement écartées : souveraineté de la nécessité, souveraineté des faits accomplis, soit de la force ou du sabre, souveraineté du droit divin en tant qu'il serait délégué à des races à part, toutes ces souverainetés bâtardes et mensongères ont disparu.

De la souveraineté de l'intelligence.

A l'intelligence appartient l'empire, dit la coterie des purs esprits; soit. Mais l'intelligence, où est-elle? Qui la possède? Jusqu'à quelles limites dois-je m'avancer dans la nation, pour ne pas aller au-delà d'elle-même? Que répondrai-je à un homme qui me dira: Je suis intelligent, et je veux être un des souverains de ce pays.

Les gens intelligents, me dit-on, ce sont les gens instruits, les savants, les lettrés, ceux qui pâlissent sur les livres et ceux qui les font; mais les citoyens qui ne s'occupent que de choses matérielles, qui travaillent corporellement, qui ouvrent le sein de la terre pour nourrir le genre humain, ou qui, assis devant un métier, enfantent ces merveilles de l'industrie, étonnement du monde, ceux-là ne sont pas intelligents.

Conclusion, le peuple n'est pas doué d'une intelligence suffisante pour se gouverner.

Cette conclusion est forcée. S'il en était autrement, et si l'on reconnaissait que l'intelligence est dans le peuple comme ailleurs, il est évident que la querelle serait finie, et que tous étant intelligents et partant dans la loi, nous serions arrivés à la solution, c'est-à-dire à la souveraineté du peuple. Mais on ne l'avoue pas. Selon nos sectaires, les intelligents, ce sont les hommes de cabinet, les gros penseurs, les fortes têtes, ceux qui découvrent chaque jour des vérités, et jettent à pleins boisseaux les idées dans le monde; ce sont les écrivains qui mutilent les faits pour le service de leur amour-propre ou de leur intérêt, ce sont les avocats qui plaident contre leur propre pensée, et qui affirment à la tribune et ailleurs ce à quoi ils ne croient pas, voilà les gens intelligents, voilà vos supérieurs, inclinez-vous. Quant au peuple, honnêtes ouvriers, braves agriculteurs, propriétaires laborieux, et vous tous citoyens dévoués, retirez-vous, vous n'êtes pas suffisamment intelligents parce que vous n'avez appris ni l'art de bavarder, ni celui de tromper : vous n'avez aucun droit à l'empire.

Cette aberration est étrange, et ce mensonge est contraire aux faits. L'intelligence réside au suprême degré dans le peuple. Non pas cette intelligence de détails, cet effort qui découvre les objets les plus microscopiques, et fouille la nature pour lui arracher ses plus petits secrets, mais cette intelligence vaste, féconde, qui embrasse l'étendue d'un coup-d'œil, perce l'avenir et saisit comme par une révélation le sens d'un événement, la portée d'un fait, la profondeur du mal et le remède à donner.

C'est cette intelligence qui ouvre à l'humanité ses voies et qui l'approche de sa fin.

L'histoire nous le prouve. — Dans un pays le danger survient, la chose publique est menacée. Qui le voit d'abord? Qui conçoit aussitôt le moyen de salut?

Qui court et meurt précisément à l'endroit où il fallait courir et mourir pour sauver la patrie?

Sans remonter trop haut dans les annales françaises, où je pourrais rappeler tant de périls domptés, tant de malheurs évités ou réparés, tant de gloires acquises, tant d'affronts vengés, par l'initiative et l'élan d'hommes sortis de la démocratie, pour l'occasion, où je trouverais les femmes de Beauvais, les citoyens de Calais, la vierge de Lorraine, les braves de Saint-Jean-de-Losne, et mille autres, valeureux enfants du peuple, venus à l'aide du pays, lorsque ses chefs couronnés s'abîmaient dans la honte et la débauche; — sans appeler à moi la vieille histoire, qui donc a pris la Bastille en 1789, et ouvert ainsi la carrière à la révolution? A qui est venue la révélation que le jour était proche, et qu'il fallait se lever pour s'affranchir? Qui, sous la République et sous l'Empire, a compris qu'un autre devoir lui était imposé, qu'il fallait glorifier la nouvelle oriflamme, et semer en Europe les germes de la liberté? Qui donc en 1830, enfin, s'est ému de la violation des lois et s'est décidé à accomplir une autre révolution?

Est-ce que par hasard ce seraient les savants et les lettrés qui auraient compris et accompli tout cela? Où étaient-ils dans ces moments de crise?

Quelques-uns étaient avec le peuple, mais la plupart tremblaient dans leurs caves. Le lendemain seulement on les vit sortir de leur maison, se posant comme des triomphateurs, criant victoire et insultant les vaincus que le vainqueur soignait.

L'intelligence du peuple est une sorte d'intuition divine.

La souveraineté est donc ici d'accord avec l'intelligence.

De la prétendue souveraineté de la raison.

En voici une autre ressemblant un peu à la première, mais drapée plus orgueilleusement encore. Celle-ci est une toute petite idolâtrie. Des hommes pleins d'eux-mêmes se sont élevés des autels, et ont dit dans leur vanité, Que sert d'aller chercher notre maître au plus haut des cieux, nous serons notre Dieu; et ils ont proclamé la souveraineté de la raison.

La raison, prise dans une acception générale, est quelque chose de bien vague. Où est-elle? Qui l'a formulée? Qui a consenti à la formule? A quels caractères certains peut-on la reconnaître ? Dans quels coins de l'histoire ou de l'univers dois-je la chercher? Chacun la porte-t-il en soi? S'il en est ainsi, quelles multitudes de raisons et de Dieux! Quelle est celle des mille et une raisons qui ont eu cours en ce monde, et qui doit prévaloir? Est-ce la raison de Socrate ou de Platon, celle d'Alcibiade ou de celle de Philippe de Macédoine? Est-ce la raison d'Epicure ou celle de Sénèque? Est-ce la raison de Clovis ou de Charlemagne? Celle de Louis XI ou de Louis XIV, de Napoléon, de Danton ou de Robespierre, de Walpole ou de Wasington, de Charles X ou de Lafayette? Est-ce la raison de M. Thiers ou de M. Barrot? Ne serait-ce pas plutôt celle de Carrel, glorieux fils de France, enfermé trop tôt dans la tombe!

Au milieu de cette confusion, je me

perds, je cherche, j'interroge, et je ne trouve sur aucune, un de ces signes miraculeux qui me disent : C'est elle.

Où donc aller pour la trouver cette raison suprême? Nulle part assurément.

La raison admise par un certain nombre d'hommes, varie selon les temps et les événements.

Elle subit comme nous les altérations de l'âge et du climat, et celles plus rudes encore des passions : elle est comme celui qui, chargé d'hermine, de croix et de salaires, a changé vingt fois les objets de son idolâtrie, mais s'est montré toujours aussi fervent pour chaque culte.

Depuis cinquante années la raison française a bien varié. Au temps de la Régence et de Louis XV, aux derniers jours de la Monarchie, elle était féodale et libertine : le roi c'était elle.

Après 1789, elle devint patriote. Elle était avec le droit de la nation. La révolution la précipita dans le mouvement le plus terrible : elle était alors le niveau sous lequel se courbaient toutes les têtes.

Sous l'Empire, elle se confondit dans le droit d'un seul : elle était avec la force.

En 1814, elle dit qu'elle était fille du ciel, et se plaça sacrilègement sur les marches du trône de Dieu.

Depuis 1830, elle s'est concentrée dans le Roi et les Chambres.

Quelle est la vraie raison de toutes ces raisons qui ont dominé tour-à-tour sur la France et sur nous ?

Chacun selon ses passions ou ses intérêts, dit : c'est celle-ci, c'est celle-là ; mais il n'y a pas d'accord commun, l'embarras du choix est extrême : qui le fera ?

Qui le fera ? La majorité, c'est-à-dire la puissance du nombre. La souveraineté de la raison aboutit ainsi à la souveraineté du peuple, dont elle n'est que la conséquence.

En effet, la raison générale se compose de la réunion des consciences individuelles. Or, comme les consciences diffèrent et qu'elles ne peuvent être supputées chacune suivant leur mérite intrinsèque, il faut qu'elles soient comptées une à une, et que la majorité fasse la loi.

La décision de cette majorité sera l'acte le plus important, le plus imposant, le plus moral, le plus fort, le plus légitime de tous les actes de puissance qu'il soit donné à l'homme d'accomplir. Ce sera la raison souveraine, l'autorité absolue, le dernier mot de toute discussion.

Cette raison générale n'est encore que présumée, parce que le seul moyen propre à la déterminer n'est pas en action.

Ce moyen, c'est une loi électorale universelle, appelant dans son sein tous les citoyens pour concourir directement ou indirectement à la formation de la loi.

Cette loi alors faite ainsi ne sera pas la souveraineté, mais elle en sera l'effet, la conséquence, le produit, et en tant qu'elle procédera d'elle, elle devra être obéie absolument par tous, quelle que soit sa prescription.

Dans l'ordre politique, les faits et les pouvoirs se classent ainsi.

Les droits essentiels et primitifs, la conscience et la vie, au-dessus de tout, même au-dessus de la puissance principale, de la souveraineté, ils lui sont antérieurs.

La souveraineté, c'est-à-dire le peuple, c'est-à-dire la majorité.

La loi, expression de la majorité; effet, conséquence de la souveraineté.

L'autorité conférée par la loi pour faire exécuter les prescriptions.

Au-dessous, respect et soumission des individus. Voilà la société.

L'APPLICATION.

—

De la Majorité.

Voilà le principe établi : Le peuple est souverain, c'est-à-dire toute forme de gouvernement, toute grande organisation politique doit nécessairement procéder de lui ; en un mot, sa volonté est constituante.

Mais cette volonté, comment la rechercher et l'établir ? Comment la constater d'une manière sûre, infaillible. Ici se présente la question la plus difficile, la question de réalisation ou d'application du principe. C'est la pratique qui arrive à la suite de la théorie.

Il est évident que le peuple, être multiple, réunissant dans son sein tant d'intelligences diverses, tant d'intérêts différents, tant de passions contraires, ne peut pas être unanime dans l'expression de sa volonté sur la chose même la plus importante pour lui, sur celle qui présente cependant un intérêt commun général, sur son propre gouvernement; l'unité absolu n'appartient qu'à Dieu. Le peuple ne peut donc pas dire d'une seule voix: voici ce que je veux. Dès-lors la discussion commence, la division se met dans l'assemblée; les volontés individuelles se dressent les unes contre autres, il y a lutte, il y aurait guerre civile, si on ne régularisait ces mouvements actifs et désordonnés, et si, dans la nature même des choses, il ne se trouvait pas un moyen suffisant pour constater quelle est la volonté qui réunit en soi le plus de volontés particulières, et qui, par conséquent, est la volonté du plus grand nombre, c'est-à-dire de la majorité.

Cette volonté de la majorité sera la loi en vertu du droit naturel de la puissance du nombre.

Cette puissance se retrouve partout : elle tient à l'intimité de l'homme, elle est dans les mœurs, dans les usages, jusque dans le premier mouvement, à plus forte raison doit-elle être dans les lois. Elle appartient à cet ordre de choses qui domine l'homme et qu'il ne peut modifier, ni détruire ; c'est une partie de la vérité pure, c'est un des éléments de la justice absolue, c'est l'un des faits par lesquels nous sentons qu'il y a du Dieu sur cette terre.

Elle est dans les mœurs et les usages. La tempête mugit-elle, la mer ouvre-t-elle ses abîmes, plusieurs embarcations sont-elles en péril ? Des voix humaines appellent-elles au secours ? Vers laquelle de ces barques menacées se portent les premiers efforts ? Toujours vers celle qui porte le plus grand nombre.

Cette puissance du nombre s'étend plus loin encore, on fait la part du feu dans un incendie : on en sacrifie quelques-uns pour en sauver beaucoup, et c'est après délibération, après avoir rappelé les précédents, c'est en se conformant aux mœurs, aux usages, à la raison qu'on agit ainsi.

Elle donne lieu à des actes héroïques. Une armée est coupée dans sa retraite. Il s'agit d'arrêter l'ennemi sur un point afin de gagner quelques heures pour le salut commun? Le chef fait venir un des plus braves, et lui dit: Vous et vos soldats tiendrez bon jusqu'à la mort.— Oui, mon général, répondent les soldats ; ils tiennent, ils meurent, et l'armée n'est pas atteinte.

Une épidémie pénètre sur un point du royaume. On cerne cet endroit. Tous les malheureux qui sont enfermés dans ce rayon sont dévoués à la mort, ils se résignent; mais d'autres qui sont en sûreté sur les hauts lieux en descendent et vont s'enfermer dans le fatal cordon pour les aider à mourir, et pour mourir avec eux.

Mais si les mœurs accusent ainsi cette

puissance du nombre, le premier mouvement l'accuse davantage encore. Sans raisonner, sans calculer instinctivement, par un acte spontané, poussé par la conscience, comme par un ressort, l'homme se précipite au secours de plusieurs hommes, en abandonnant celui qui va périr isolément; et que de fois pour arracher un grand nombre de ses semblables à la mort, ne foule-t-il pas à ses pieds de pauvres blessés, qui, abandonnés, n'ont plus aucun espoir de salut.

La puissance du nombre est donc incontestée.

Reste la question du mode à l'aide duquel la volonté de la majorité se produira.

Il est évident que pour connaître la volonté de tous, et compter chacune de ces volontés, il faut un ensemble de règles et de précautions tellement bien conçues et ordonnées, qu'il n'y ait rien d'artificiel dans l'expression des volontés. S'il en était autrement, on risquerait d'obtenir un résultat contraire à la vérité ; il faut que l'instrument politique soit aussi parfait que possible ; il serait à désirer qu'il eût la précision mathématique.

Dans l'impossibilité d'appliquer l'exactitude rigoureuse à des faits de l'ordre moral, il est indispensable de chercher partout les moyens à s'en rapprocher.

La constitution électorale doit donc être placée en première ligne dans l'ordre politique. Je me sers de ce mot constitution à dessein, car, à mon avis, la loi électorale devrait être la base de toutes les constitutions ; elle est en effet l'organisation générale, propre, de la société elle-même. C'est une certaine discipline à laquelle se soumet la société pour être assurée que sa volonté sera nettement reproduite. On conçoit en effet que tout le problème politique et social soit là.

Si pour parvenir à établir sur tout, d'une manière irrécusable, claire pour tous, la volonté, c'est-à-dire l'intérêt de la majorité, il n'y a plus de question. Qui donc oserait dire que l'intérêt réel, la volonté libre de la majorité ne doivent pas l'emporter sur les volontés anarchiques des minorités ? Qui le dirait ? Que celui qui porte cette pensée en son cœur ose l'avouer ? Qu'il monte sur une haute tribune et qu'il la dise. Ainsi donc la recherche la plus importante est celle qui a pour objet la constatation de la volonté du grand nombre.

Je dirai que cet ordre de procéder est essentiellement logique, et si trop souvent dans le cours de nos variations politiques, nous avons échoué, c'est que nous avons eu la prétention de commencer l'édifice par le haut. On s'inquiétait peu de la base, on jetait grossièrement quelques pierres dans les fondements, ce qui ressemblait plus à des ruines qu'à des créations, et puis on élevait un pompeux édifice, on bâtissait un trône magnifique avec de beaux entours, empire ou monarchie, n'importe, l'œuvre était divinement arrangée, les merveilles de l'art se jouaient dans les compartiments délicats et gracieux, elle était chamarrée d'or, enveloppée de soie et de velours, on en dorait le faîte, on lui mettait une gloire : c'était un bijou à vrai dire, mais ce n'était ni un gouvernement, ni une institution : un gouvernement est sérieux et sévère, une constitution est d'airain, elle projette ses larges assises jusques dans les entrailles de la société à l'endroit même où cette société commence. C'est un monument fait de telle sorte qu'il puisse résister au choc des siècles et des hommes.

Une seule assemblée a commencé un tel monument, c'est l'assemblée constituante ; cette assemblée était si fortement imprégnée du génie de la nation qu'elle a su le mettre partout, dans les lois qu'elle a faites, dans la constitution qu'elle a écrite. On peut dire qu'elle a posé les fondements de l'édifice que l'avenir doit élever pour préserver, abriter, agrandir, glorifier le pays.

Cette constitution n'est pas morte : elle vit dans le sein même des institutions qui la nient. Son principe, celui de la souveraineté du peuple, est en tête de la Charte de 1830 ; et la conséquence nécessaire de ce principe, le suffrage universel, est dans la conscience de tous, à un degré d'intensité plus ou moins grand, à une date plus ou moins rapprochée.

Quant aux autres monuments dits représentatifs, dont je parlais tout-à-l'heure, tels que les constitutions de l'empire et la Charte de 1814, combien ont-ils valus, combien ont-ils durés ? Qu'en reste-t-il aujourd'hui ? Cherchez leurs traces ; à mesure qu'ils marchaient, le vent s'élevait derrière eux pour effacer leurs pas.

Il n'y a de durable que la vérité. Ai-je donc tort de dire que les constitutions sont d'airain, et que ces parodies impériales, ou ces orgueilleuses façons aristocratiques de 1814, ne sont pas des constitutions?

Ce qui donne la vie à la Charte de 1830, ne vous y trompez pas, c'est le principe qui est inscrit à sa tête; sans la souveraineté du peuple, ce ne serait qu'une lettre morte.

Puisque la souveraineté comprend tous les citoyens sans exception, la loi électorale, qui n'est que la souveraineté en action, doit les contenir tous. Je dis la loi électorale, car vous êtes obligés d'arriver à l'élection pour constater la volonté de la majorité.

Dans les petits pays démocratiques,

tels que les cantons de Glaris, de Schwitz, d'Unterwald, où la patrie est confinée dans une seule vallée, où du centre du village, capitale de l'Etat, on voit les feux des grandes gardes qui veillent à la frontière, il n'y a pas de loi électorale. La souveraineté se pratique naturellement, sans embarras et par le simple fait d'une réunion, d'une discussion, d'une délibération, et d'un vote direct et sur place de tous les ayant-droit. C'est le principe dans toute sa rigueur, dans son inflexible logique. Là le peuple réuni sur un point, assis et couvert devant ses magistrats debout et découverts, fait la loi. Il n'y a point d'intermédiaire. Le gouvernement pose la question, les orateurs la débattent, et lorsque tout a été dit pendant les longues heures d'une journée, et que le soleil s'abaisse sur les montagnes, on arrive au suffrage, les mains levées se comptent, la majorité prononce, et la loi est faite.

Dans un grand pays, il ne peut pas en être ainsi, la puissance de l'homme est bornée. L'infini n'est que dans sa pensée. Il ne peut pas tout ce qui serait dans son intérêt de vouloir.

Il ne peut pas réunir de cent ou deux cents lieues à la ronde, plusieurs millions d'hommes sur un seul point. Les réunirait-il, ces hommes ne pourraient ni discuter, ni délibérer. Quelle serait donc la voix assez puissante pour se faire entendre d'un royaume tout entier assemblé au pied d'une tribune. — Cela n'est pas possible : force est donc d'avoir recours à une combinaison plus ou moins ingénieuse pour obtenir l'expression des volontés nationales, ou la loi.

Un moyen intermédiaire se présente aussitôt à l'esprit. Si vous ne pouvez réunir plusieurs millions d'hommes sur un point, réunissez, en plusieurs lieux, cent mille, cinquante mille citoyens, et proposez-leur la loi.

Ici la même difficulté se prononce. On ne se fait pas plus entendre de cent mille hommes que d'un million ; et à cette difficulté s'en joint sans cesse une autre. Vous aurez avec ce mode 5 à 600 assemblées : ces assemblées délibéreront, elles auront des minorités imposantes, et il se pourrait qu'en faisant le calcul général des voix, ce fut la minorité qui ait fait la loi.

Ce mode est donc impossible, et nous ne devons pas penser à obtenir la loi directement du peuple.

Il faut arriver à la représentation ; il

faut que la loi soit faite par des mandataires.

De là, nécessité d'une loi génératrice qui permette au peuple de choisir avec liberté et connaissance de cause, ceux à qui il remettra son droit, c'est la loi électorale.

Pour être vraie, la loi électorale doit remplir une première condition, elle doit contenir en elle tous les citoyens de l'État sans exception.

Est citoyen tout homme appartenant par des liens directs ou indirects de naissance à la patrie. Le citoyen est un produit du sol. Je n'admets pas ces théories étrangères, qui vous disent que la patrie est au lieu où l'on trouve la satisfaction de ses intérêts; non, la patrie est aux lieux où le Seigneur vous a fait naître. Il y a des plantes qui ne vivent que sous un certain climat, l'homme meurt loin du ciel de son pays, et quand poussé par la fortune, arraché par les passions, il quitte les lieux où il est né, sa vie saltère, l'âme s'affaisse, le corps languit, et si quelque chose vient lui rappeler trop vivement ses montagnes, il pleure, et tombe.

Un homme hardi, patriote violent, mais sincère dans son patriotisme, l'a dit ; Danton, mort victime de nos discordes civiles, s'écriait un jour dans un admirable élan : Emporterais-je la patrie sous la semelle de mes souliers?

Tout individu né dans les limites du pays, est citoyen de ce pays.

Actuellement l'exercice de la qualité de citoyen est subordonné naturellement par une certaine force de choses, à laquelle tout est soumis en ce monde, à des conditions d'âge, de raison et de moralité.

A sa naissance, sans doute, tout enfant possède le droit; ce n'est qu'à sa majorité, âge où l'homme commence réellement, qu'il en a l'exercice. Il prend possession du droit, le jour où il prend possession de lui-même.

L'exercice du droit se perd par la perte de la raison: celui qui est frappé dans le siège même de l'intelligence qui ne possède plus la direction de ses propres actions, celui dont l'âme est voilée par un trouble intérieur, celui-là ne peut plus exercer le droit de citoyen, par le motif bien simple que l'exercice de ce droit serait nuisible à autrui. Or, toutes les facultés, tous les droits, toutes les libertés de l'homme se limitent par le droit ou l'intérêt d'autrui. Il nous est permis de tout faire dans cette limite.

Aussi l'homme qui s'est dégradé en attaquant le droit d'autrui et qui est tombé justement sous le coup de la loi pénale, celui-là n'appartient plus à la société : il a perdu la direction de lui-même. La moralité de la vie est donc une condition essentielle du citoyen.

Ainsi voilà les éléments qui doivent composer la vaste assemblée du peuple très nettement définis.

On est citoyen lorsqu'on a atteint sa majorité, lorsqu'on a sa pleine raison, lorsqu'on n'a pas été frappé d'une manière infamante par la loi pénale.

Hors ces exceptions, tous sont citoyens; tous les citoyens sont électeurs.

Du mode électoral.

Il s'agit actuellement de chercher le mode électoral lui-même.

Si nous n'avons pas pu réunir plusieurs millions d'hommes sur un seul point pour faire la loi directement ex proprio motu, nous ne pourrons pas davantage les rassembler pour élire. Ceci se comprend et n'a pas besoin d'être prouvé.

Il faudra donc former des circonscriptions électorales qui devront choisir chacune, un ou plusieurs représentants.

Dans un pays de moyenne grandeur où une assemblée de 4 à 600 mandataires ne représente que 2 ou 3 millions d'individus, rien ne s'oppose à ce qu'ils soient élus directement par ces électeurs. Les circonscrpitions électorales sont limitées, le personnel des colléges est peu nombreux, la population elle-même vit dans un cercle étroit où pénètre, jour par jour, avec ses détails, la politique générale du gouvernement, et les actes publics des hommes qui font mouvoir cette politique, où chacun se connaît, s'apprécie, et peut faire ainsi de lui-même un choix intelligent. Là donc le suffrage direct, l'élection la plus simple, la plus nerveuse, la plus utile, la plus vraie, je le reconnais.

Mais dans un pays de trente millions d'âmes comme le nôtre, où le tiers des citoyens, c'est-à-dire douze millions au moins seraient appelés nécessairement d'après le principe, à concourir à la nomination des 8 à 900 députés investis du pouvoir de faire la loi ; où l'étendue du territoire est telle que les hommes se connaissent difficilement ; où la presse est encore sous un joug dur et pesant, le suffrage direct me semble exiger des conditions qui n'existent pas actuellement. Les développements de la vie politique pourront seuls y conduire les générations qui nous suivent.

Pour elles, il se présentera encore des difficultés sérieuses, mais que les efforts de la législation et du peuple pourront surmonter.

Toute la question aujourd'hui est donc de savoir si la situation des esprits permet le suffrage direct. Eh bien ! je ne le crois pas, et voici pourquoi.

Pour que chacun puisse faire de l'exercice de son droit électoral un usage intelligent, pour qu'il puisse choisir par lui-même directement, il faut qu'il sache la politique, non seulement dans son ensemble, mais encore dans ses détails, il faut qu'il la connaisse dans les personnes et dans les choses. Une simple initiation préparatoire ne suffit pas : si on ne connaît pas les divers partis qui agitent la société et s'en disputent la direction, si on ignore quel est leur but, quels sont leurs moyens, quelles ruses ils emploient, quels détours ils font, de quelles forces ils disposent, où sont distribuées ces forces, quels sont les noms de leurs principaux partisans, quels sont les actes qui leur appartiennent, quelle puissance ils ont à la cour, à la ville, dans le parlement, dans la nation, si on ne sait pas tout cela, comment peut-on juger de quel côté l'intérêt du pays qui, pour chacun, est lié à l'opinion qu'il professe, demande que l'on porte et concentre les influences parlementaires, comment pourra-t-on juger quels sont les hommes qui répondent le mieux au besoin du moment, et parmi ces hommes, quel est celui qui mérite le plus de confiance par sa probité et par son dévouement?

Ces connaissances sont le fruit de l'éducation politique, et cette éducation ne peut s'obtenir que par une grande diffusion de la presse, et par la pratique des institutions électives.

C'est donc par l'abolition du monopole actuel qui, non seulement restreint, mais étouffe la presse, et par l'usage actif et répété des droits électoraux, que nous parviendrons à mettre les citoyens en possession du meilleur mode électoral.

S'il est nécessaire, pour élire directement, de connaître la situation détaillée et quoditienne de la politique, il n'en est pas de même alors qu'il s'agit de choisir un mandataire à qui l'on confie le soin d'examiner de plus près, et de décider le choix d'un représentant.

Il y a certains points saillants dans la vie individuelle comme dans la vie de l'État, qui n'échappent à personne, et sont toujours la base du jugement le plus sûr.

Si l'ouvrier, le cultivateur ne connaissent pas la marche journalière de la politique, si leur regard n'est pas assez exercé pour pénétrer dans les détails du mouvement actif des affaires, ils comprennent à merveille qu'il y a certains principes dont l'application leur importe. Ne savent-ils pas que l'économie dans les dépenses publiques est d'un intérêt général, et que dès-lors un contrôle sérieux est indispensable pour éclairer les délibérations de ceux qui décident la dépense, et surtout pour connaître les actes du pouvoir qui la fait ? Ne savent-ils pas que l'égalité devant la loi est leur premier bien? Ils connaissent assez l'histoire par eux-mêmes ou par la tradition pour savoir que ce contrôle et cette égalité sont le fruit de la grande conquête de 1789. Ils connaissent enfin suffisamment leur pays pour savoir qu'il y a deux partis en France divisés d'intérêt et luttant ensemble. Soyez assurés que leur intelligence ne les trompera pas et qu'ils sauront bien choisir quant aux opinions. Quant aux personnes, le choix sera évidemment très éclairé, et pourra être fait directement, sans que l'électeur ait besoin de recourir à des informations : il connaîtra celui qu'il élira.

En effet, il est toujours à la disposition de chacun, quelque soit son degré d'intelligence et d'instruction, d'apprécier quel est l'homme de son cercle habituel, de sa connaissance intime, qui lui inspire le plus de confiance sous le rapport moral, intelligent et politique. Chacun sait bien celui qui, dans le cours de sa vie, s'est montré soigneux des intérêts du peuple, a cherché à l'aider de ses conseils et de son dévouement; chacun sait bien au contraire quel est celui qui, n'écoutant que son égoïsme, s'est fort peu inquiété de blesser les intérêts des autres pour satisfaire le sien. La part de chacun est faite par chacun.

Si le suffrage direct a des avantages que nous ne pouvons pas attendre du suffrage à deux degrés, celui-ci en a un principal que ne possède pas le suffrage direct. Ainsi, l'élection en général a pour effet naturel de produire les hommes les plus intelligents et les plus capables : c'est un moyen de trouver et de réunir les diverses influences de la société, et d'en composer une grande assemblée ; la théorie l'indique et l'expérience le prouve.

Il est simple, en effet, de penser que les hommes d'intelligence et de dévouement, ceux qui se distinguent par la tête et par le cœur, inspirent plus de confiance que d'autres et exercent une action prépondérante sur leurs concitoyens. Dans les deux degrés, cette action est toute puissante puisque les choix se font dans le cercle de la vie habituelle, où les citoyens peuvent se juger les uns les autres avec une parfaite connaissance.

Le corps électoral ainsi nommé, sera dans la généralité composé des intelligences influentes et réelles qui s'exercent dans la nation, et ce seront ces intelligences qui choisiront à leur tour les représentants dans l'intérêt du pays.

Dans ce système on reconnaît à la fois les avantages de l'élection faite par la puissance du nombre, et ceux de l'élection faite par l'autorité de l'intelligence. Seulement c'est le nombre, c'est-à-dire le souverain, où la volonté infaillible qui indique où se trouve l'intelligence.

Pour que le suffrage direct puisse offrir un semblable avantage, il faudrait supposer que le corps de la nation est intelligent au même degré que le corps électoral nommé par la nation : ce qui n'arrivera jamais si on admet comme nous l'avons dit que l'élection a pour résultat nécessaire de dégager les intelligences intérieures de l'assemblée qui nomme.

Il est bon de faire remarquer ici, que

la discussion ne porte pas sur le principe, et que dès-lors on ne peut pas dire qu'il y ait division dans les rangs des partisans du suffrage universel.

Le droit de tous est non seulement reconnu, mais admis en libre pratique dans les deux systèmes: c'est la base commune.

Il ne s'agit que du mode à l'aide duquel on pourra pratiquer le principe : ce n'est qu'une discussion de formes et d'organisation.

Dans les deux modes, le nombre a toujours sa puissance : ce sont les volontés que l'on cherche et que l'on compte, et les citoyens ne sont pas électeurs par le droit de l'intelligence, mais par leur droit de souveraineté individuelle.

Chacun a donc son droit en soi, et en fait un libre et légitime exercice.

Ce fait est commun aux deux systèmes.

Seulement, l'éducation politique n'est pas encore suffisamment étendue et développée, pour que ce droit puisse s'exercer sans intermédiaire.

Et au reste, l'application du principe toute affaiblie qu'on la suppose, n'est-elle pas un progrès, n'est-elle pas une amélioration ?

Et puis, une fois cette loi admise et pratiquée, si le peuple ne la trouve pas suffisante, s'il veut dépasser l'horizon qu'on lui met, s'il voit au-delà, qui lui empêchera de la changer. De deux choses l'une, ou le peuple aujourd'hui a une connaissance détaillée de tout ce qui se fait dans les hautes régions pour lui ou contre lui, ou bien, il n'a de tous ces mouvements qu'une connaissance imparfaite. Dans le premier cas, il reconnaîtra évidemment que son intérêt veut qu'il accomplisse par lui-même le choix de ses représentants, et il nommera pour ses mandataires, c'est-à-dire pour électeurs, les partisans de cette opinion, et la Chambre qui sortira de cette élection ou de cette volonté, rapportera la loi des deux degrés, et proclamera l'élection directe. Dans le second cas, l'élection à deux degrés continuera à fonctionner en augmentant chaque année l'instruction politique du peuple, et le conduira insensiblement à la mise en pratique du mode électoral direct.

Si enfin ce mode à deux degrés fonctionne dans des conditions tellement heureuses, et donne des résultats tellement satisfaisants, que le pays soit parfaitement libre et prospère, le peuple le maintiendra, car une loi ne peut-être changée par une majorité qu'autant qu'elle offre des inconvénients sérieux, et qu'une autre loi remplirait mieux son objet.

La lutte que les adversaires du suffrage universel voudraient établir entre les partisans des deux modes est donc impossible : ce sont deux opinions qui ont une origine commune, qui marchent vers un but commun, et qui se prêtent un appui mutuel : l'une prépare les voies à l'autre.

Maintenant la décision des citoyens relative au choix de l'électeur sera-t-elle libre ?

Assurément. Un grand nombre de citoyens aura nécessairement intérêt à voiler son intention et à dérober son vote. Les situations dans la société sont dépendantes les unes des autres; il y a une chaîne commune qui lie les hommes entr'eux; le plus humble, le plus pauvre n'est pas toujours celui qui est le plus dépendant. Je l'admets cependant, à la ville, les ouvriers ont à ménager leur clientelle; à la campagne, une certaine retenue est imposée aux colons envers les propriétaires.

Il faut donc à ces hommes-là une garantie: ils la trouveront dans le scrutin. Libres d'écrire ou de faire écrire leurs votes par un électeur de leur choix, ils seront les maîtres de leur secret, nul ne pourra pénétrer dans le fond de leur conscience, pour examiner, incriminer l'inspiration qu'ils en auront reçue. Nul ne pourra les châtier pour leur acte de citoyen, car nul ne saura quelle a été leur détermination finale.

Je sais bien que pour ceux qui sont illétrés, la loi sera plus dure. Que feront-ils cependant? Ils choisiront pour écrire leur bulletin, un fils, un frère, un ami, un électeur qui partagera leurs pensées et leurs affections, et qui aura un intérêt égal à ne point dire en public pourquoi et comment il a voté.

Cette situation d'ailleurs devient tous les jours de plus en plus rare : l'exception s'éteint et, grâce, il faut le dire, à la loi de 1832 et à l'ardeur de nos jeunes gens pour le savoir, le moment est proche où chaque individu dans la nation pourra lire, écrire, calculer, veiller lui-même à ses propres affaires, et prendre encore une connaissance rapide et suffisante des affaires publiques.

Cette objection n'en est donc pas une, et le choix de l'électeur quelle que soit sa condition sera parfaitement libre.

En voici une autre qui préoccupe certains esprits fort libéraux : on redoute les influences diverses et de mauvaises nature qui, agissant activement dans leurs intérêts particuliers, s'empareraient des esprits populaires et fausseraient l'expression de la volonté nationale.

Je la repousse tout d'abord par cette conviction appuyée sur plus d'un fait, à savoir que le peuple lorsqu'il est assemblé dans ses comices, lorsqu'il vit et se meut par lui-même, lorsqu'il est dégagé de tous les liens personnels qui, dans la vie privée l'attachent à tant d'hommes et à tant de choses, est pénétré de la grandeur de ce qu'il va faire; les individus et les intérêts disparaissent, ce ne sont plus des hommes en face d'autres hommes, ce sont des citoyens en face de la patrie.

Il y a mille raisons pour cela, indépendamment de l'intérêt patriotique.

Le plus humble de tous ne porte-t-il pas en lui, replié dans un coin de son âme, la dignité de l'homme? Si cette dignité s'efface, dans le métier de l'existence matérielle et ordinaire, sous les exigences de certaines situations, sous le poids de certains intérêts, ne se relève-t-elle pas dans les grandes occasions?

Alors l'individualité s'efface et se brise, le citoyen n'est plus parqué dans sa vie particulière et égoïste, il est entraîné dans le torrent de la vie générale et commune.

Toutes ces fortes existences sont semblables, et s'absorbent dans une seule: c'est la grande existence nationale.

Une autre pensée me rassure.

La société est impressionnée, entraînée par des influences diverses. Elles sont bonnes ou mauvaises, et se combattent. Mais est-ce donc que les mauvaises influences doivent prévaloir ? Est-ce que l'homme moral est ainsi fait qu'il accueille le mensonge au lieu de la vérité ? Est-ce que les passions égoïstes doivent l'emporter sur ce sentiment de charité et de grandeur naturelle qui est en nous un signe divin.

S'il en était ainsi, les précautions humaines ne suffiraient pas. Ce serait bien alors le cas de redouter l'anarchie, c'est-à-dire la confusion, et le combat à mort des avidités de toute sorte, avidités de plaisirs et d'argent, avidités d'en haut et d'en bas ; c'est une injure qui ne peut-être faite ni à la Providence, ni à l'homme.

Lorsqu'on veut trouver la solution des questions les plus graves, il faut s'élever à une certaine hauteur, il faut remonter à la loi primitive. Eh bien! cette loi veut que le bien triomphe toujours en dernière analyse, et dans les masses. Si le mal pouvait prévaloir en général la société serait bientôt détruite.

Ne craignez donc pas le triomphe des mauvaises influences, il est impossible.

Que ces influences obtiennent des succès partiels, sans doute, mais elles n'en obtiendront jamais de sérieux et d'inquiétants.

Il y a lutte dans le monde entre les deux principes, cela est vrai. Toutefois la part de chacun est faite; l'empire est réservé au droit, à la vérité.

Que chaque parti soit donc tranquille sur l'issue de cette épreuve.

La pensée qui prévaudra dans le forum sera certainement la pensée réelle et vraie de la majorité nationale; elle sera l'expression du besoin actuel, de l'intérêt commun.

C'est pour cela que tous les partis sincères de bonne foi, doivent accepter cette lutte pacifique; car enfin, s'ils sont bien convaincus qu'ils ont la vérité et la nation pour eux, le jour des comices sera leur jour de triomphe: s'ils refusaient ce champ-clos, ils refuseraient la victoire.

Je me défie donc singulièrement de ceux qui repoussent cette manière de procéder en politique, et qui reculent devant le jugement de la nation obtenu au moyen du suffrage universel direct ou indirect, je ne crois pas qu'ils aient une confiance suffisante dans la bonté de leur cause; je crains qu'ils ne s'avouent au plus secret de leur cœur, qu'ils ne sont que des partis d'intrigues, des accidents dans l'histoire, qu'ils n'ont qu'une force artificielle, qu'ils ne sont pas destinés à durer ; je crains qu'ils ne soient occupés qu'à prolonger une existence magnifique, mais par sa nature même limitée, et je crains qu'ils redoutent l'épreuve nationale, précisément parce qu'ils ont la conscience de ne pas satisfaire à ses lois.

Quiconque, au contraire, dit : Je veux me soumettre à l'appréciation et au jugement de la généralité des citoyens consultés régulièrement, me donne une garantie qui me plaît.

Je peux bien croire que ces hommes ou ces partis se trompent, mais au moins je ne peux pas croire qu'ils veuillent me tromper.

Voilà déjà bien des objections détruites, il en est encore cependant qui subsistent, et qui ont une action sérieuse sur des esprits sincères.

Le passé domine trop souvent le présent. Je sais bien que c'est lui qui nous donne l'expérience, et qui, par conséquent, nous indique les écueils. Le nautonnier est averti par le naufrage de celui qui l'a précédé, et l'histoire a laissé une grande marque à chacun des lieux où les peuples ont succombé, avec le récit de la chute et de ses causes : ce sont des leçons qu'il est utile d'étudier. Cependant il ne faut pas pousser trop loin cet asservissement à des faits qui se sont produits dans des circonstances exceptionnelles : soyons convaincus de ceci : c'est que, si les mêmes faits se présentaient à dix ans de distance dans la même nation, ils auraient nécessairement chaque fois une physionomie différente, un résultat contraire, des conséquences bien autres. Les vocations des hommes eux-mêmes appartiennent au temps où ils vivent, leur gloire ou leur honte dépend des circonstances qui les environnent. Imaginez-vous une persécution religieuse dans notre siècle et chez nous? Où aboutirait-elle? Qui ferait-elle trembler ou reculer? Qui pourrait aujourd'hui avec le plus sanglant édit faire un martyr? Vous rappelez-vous cette loi sur les déclarations forcées des médecins, qu'un Préfet de police a voulu faire revivre? Elle est tombée non pas sous le poids de ses années, mais sous la risée publique. Vous souvenez-vous de Mallet, et de sa conspiration? Il y avait cependant de la grandeur et de la hardiesse chez lui. Paris a été pris quelques heures, Paris ne s'en est pas douté ; et quelques jours après, Mallet a expiré sous des balles légales sans que la population s'en soit émue le moins du monde.

Les faits principaux, les événements qui intéressent et remuent les masses ne se font pas sans elles. Les individus quelque forts qu'ils soient, ne décident jamais seuls les grandes questions de la politique.

Si Napoléon avait vécu du temps de Louis XIV, s'il vivait aujourd'hui, qu'aurait-il été, que serait-il ? Un modeste gentilhomme, mathématicien de classe ; peut-être même n'aurait-il jamais manié l'épée.

Tant il est vrai que les temps et les lieux décident du sort des choses et des hommes.

Ne dites donc pas comme reproche, cette loi a produit à telles époques des résultats divers, effrayants, elle a été tour-à-tour wigh, anarchiste ou tory, — ce reproche est vraiment misérable.

La loi électorale n'est qu'un moyen à l'aide duquel on cherche à obtenir l'expression de la volonté nationale; ce n'est pas le moyen qui fait l'opinion: la longue vue ne crée pas les objets qu'elle rapproche et qu'elle montre, seulement elle apporte à l'œil, suivant la direction qu'on lui donne, tantôt un coin du tableau, tantôt un autre.

Si une loi électorale a produit des résultats contraires à des époques diverses, qu'est-ce que cela prouve, si non que l'opinion des électeurs s'est modifiée plusieurs fois, et c'est précisément parce que ces résultats ont été différents, que la loi est bonne. Comprendriez-vous, en effet, une loi qui ferait dire à la nation, toujours la même chose, en paix comme en guerre, en prospérité comme en malheur ; mais cette nation serait donc condamnée à feindre une éternelle immobilité? Ses besoins, ses intérêts, ses opinions, ses affections, auraient beau changer, elle dirait toujours bien à ce qui ne l'intéresserait plus, à ce qu'elle ne voudrait plus, à ce qu'elle n'aimerait plus.

Ce serait une nation stéréotypée.

Non, l'objection n'est pas sérieuse : c'est une objection de parti qu'on veut nous faire, elle ne réussira pas.

Votre loi de 1791, répète-t-on à tous propos et à tous venants, nous a donné les Cinq-Cents, et les Cinq-Cents nous auraient ramené les Bourbons, ce qui eût été la défaite de la révolution, si le 18 fructidor n'était intervenu.

Ceci n'est qu'une supposition. Que la majorité ait rêvé le retour de l'ancien régime, cela n'est pas prouvé, et mieux que cela ne pourra jamais être prouvé.

Une chambre ne marche pas seule à une révolution, bien sûre qu'elle est d'être démentie, si la nation n'en veut pas.

Or, à cette époque, personne ne voulait de restauration; on ne désirait qu'une chose, un pouvoir fort, et une constitution vigoureuse, mais l'un et l'autre formés des éléments révolutionnaires et non pas des vieux débris d'une société morte à la politique ; or, je ne crois pas à ce projet mystérieux de la majorité des Cinq-Cents. Le 18 fructidor, qui a proscrit le grand Carnot, a eu peut-être des causes intimes et misérables qui seront mises au jour plus tôt qu'on ne le pense.

Et puis après tout, la nation ne juge-t-elle pas en dernier ressort? Si les représentants avaient voulu lui imposer un joug qu'elle repoussait, ils n'eussent pas tardé à disparaître dans sa colère.

Ainsi, cette objection n'est appuyée que sur une pure hypothèse, base bien fragile assurément.

Mais si cette loi vous a donné un seul jour quelques inquiétudes qui ne se sont pas réalisées, voyez donc ce qu'elle vous a donné en réalité et ce dont vous jouissez.

C'est le mode qu'elle consacre, qui a plongé au sein de la nation pour y recueillir les élémens de cette assemblée immortelle commençant aux Etats-Généraux, prenant d'abord le nom glorieux d'Assemblée-Nationale, et s'intitulant définitivement Assemblée constituante. C'est cette loi qui, modifiée libéralement, vous a donné l'assemblée législative, puis cette convention qui m'est bien représentée par cette femme aux fortes mamelles, chef-d'œuvre d'un poète et d'un statuaire, et qu'on appelle la Liberté.

N'est-ce pas assez ?

Aujourd'hui elle ne vous donnerait pas des hommes aussi forts, elle n'amènerait pas aux affaires, dans vos conseils, une race de géants, que Dieu enfante quand il en est besoin, mais elle vous donnerait des hommes probes, honnêtes, fidèles, sincères, des intelligences d'élite et des cœurs de choix.

Il en serait ainsi, car l'intrigue deviendrait impossible. Cela est très facile à démontrer : Il s'agit simplement de raconter comment on procéderait à l'élection. Le mécanisme de la loi est à la fois régulier et rapide, il ne laisse pas subsister asez longtemps le corps électoral définitif pour que l'on puisse agir sur lui. Les électeurs s'appartiennent donc tout entiers, et personne ne peut s'emparer par artifice de leur majorité; c'est déjà beaucoup que d'être certains que le résultat du scrutin sera réel et vrai.

Voici en quelques mots comment l'élection aura lieu :

Tous les citoyens en possession de la majorité civile, domiciliés dans le canton ou la commune, suivant que l'une ou l'autre circonscription aura été adoptée, se réunissent sur la convocation du gouvernement, à un jour indiqué, dans une salle commune. Le maire préside, les deux plus anciens et les deux plus jeunes conseillers municipaux de la commune où se tient l'assemblée, siègent comme scrutateurs. Je remarque en passant que le maire et les conseillers municipaux tiennent déjà leur premier pouvoir du peuple.

Chaque citoyen, à l'appel de son nom, dépose son vote dans l'urne; le formalités voulues par la loi des élections et qui seront, j'espère, modifiées en quelques parties, notamment en ce qui regarde le serment, entrave ridicule qui ne gêne que le citoyen consciencieux, celui parconséquent que personne n'a intérêt à éloigner des conseils de la nation, et qui n'est pour l'intrigant et l'ambitieux qu'un prétexte ou un masque dont il se couvre, seront religieusement observées.

Chaque assemblée nommera un électeur par cent âmes de population.

Huit jours après leur nomination, ces électeurs se réuniront de droit au chef-lieu du département pour choisir les députés. Ici le vote se montre à découvert, car il ne s'agit plus d'exercer un droit individuel, mais de remplir un mandat : or, la publicité est la garantie de celui qui l'a donné et de celui qui l'a reçu.

Comment donc l'intrigue aurait-elle l'espoir d'agir dans un espace de temps aussi court sur un corps électoral aussi nombreux et surtout aussi dispersé. La parole, ou la promesse, les mauvaises raisons ou les terreurs qu'on pourrait vouloir répandre sur lui, n'auraient pas le temps de lui parvenir. Est-ce que le jour de la réunion les intérêts seraient plus puissants ? Mais qui ne sait que les divers membres d'un corps réuni, se soutiennent et se surveillent mutuellement, et d'ailleurs là encore la journée ne serait pas assez longue. Ainsi, ni les partis, ni le gouvernement n'auraient d'action sur la détermination des électeurs; ils jugeraient les hommes qui se présenteraient devant eux, avec leur conscience, et ne se préoccuperaient en aucune sorte des intérêts étrangers à leur mission.

Alors vous verrez tomber ce honteux trafic de places et d'honneurs, de marchés, de pots de vin, et de fournitures, qui s'exerce à chaque renouvellement de la Chambre, et conduit trop souvent sur les bancs du Palais-Bourbon des Chambres factices, c'est-à-dire, des Chambres qui représentent une multitude d'intérêts contraires ou de passions diverses, mais qui n'ont ni la conscience de l'intérêt général, ni la passion du bien public.

Alors un ministre ne dira plus à celui qui demande justice pour un vieux et bon serviteur de l'Etat : « Je ne puis pas faire ce qui lui est dû ; des raisons politiques, des nécessités électorales ou gouvernementales m'enchaînent et me forcent à donner à la faveur ce que je sais bien appartenir au mérite. Alors on ne verra pas les députés assiéger les hôtels ministériels, mendiant pour leur courtier un peu d'honneur rouge, ou beaucoup d'espèces sonnantes, au moyen des positions les plus lucratives de l'Etat.

Alors la moralité des électeurs sera la moralité du député, et nous n'assisterons plus à ces avancements scandaleux qui ont excité l'indignation des plus robustes ministériels de nos jours.

Les places salariées et les insignes des divers ordres de chevalerie ne décoreront plus le sommet d'un grand mât, et les représentants du peuple ne le graviront plus du bas jusqu'en haut, essayant de se surpasser, de se faire tomber les uns les autres, afin d'arriver les premiers au sommet et de prendre ce qui est le plus à leur convenance.

Alors nous ne verrons plus ces médiocrités parlementaires si agissantes, si remuantes dans l'ombre, s'accrocher toutes comme de petits batelets, à ces grosses et fortes machines, à ces puissants orateurs, véritables remorqueurs, dans l'espérance de remonter le courant à leur aide et d'atteindre par ce secours étranger une plage heureuse, une île enchantée où ils s'établiront pour jouir à l'aise de toutes les douceurs de la vie, oublieux des intérêts qui leur furent confiés, et des électeurs qui les nommèrent.

Ce sera donc un moyen de ramener la moralité dans les choses et dans les hommes.

Une dernière et courte réponse à une dernière objection.

Vos choix pourront être honnêtes, utiles, c'est possible, mais ils ne seront pas politiques, c'est-à-dire que nos colléges électoraux actuels, ou ceux que l'on veut faire en augmentant quelque peu le nombre des électeurs, seraient plus politiques que ces grandes et vastes assemblées où le peuple agissait dans son indépendance. A cela une réflexion bien simple : plus les collèges sont limités en nombre, plus les intérêts particuliers dominent ; est-ce que jamais il y a quelque chose de politique dans l'égoïsme ? Plus au contraire ils s'étendent et s'élargissent, plus les intérêts personnels perdent de leur puissance, plus l'intérêt général, c'est-à-dire l'intérêt politique, prend de la force et de l'autorité, cela est simple. Les coteries comme les individus vivent pour elles. L'assemblée générale par cela seul qu'elle obéit à la même loi que les individus ou les coteries et qu'elle vit pour elle, vit pour tout le monde.

Ainsi forcément, tant que la nation toute entière ne sera pas consultée, les intérêts égoïstes coalisés triompheront dans les collèges électoraux, et le jour au contraire où tous les citoyens réunis en assemblées électorales donneront leur avis sur la chose publique, l'intérêt général prévaudra nécessairement.

Or, l'intérêt général, c'est l'intérêt politique. Si l'on établissait une distinction entre ces deux intérêts, je demanderais ce qu'est l'intérêt politique, sa définition et son but.

Quelques faits vont prouver ce que j'avance.

Comparons les assemblés qui ont été élues par le mode universel, à celles qui ont dû leur origine à des loix électorales restreintes ou exceptionnelles.

L'assemblée du Tiers-Etat, l'assemblée nationale, l'assemblée constituante, magnifique unité trinaire, ont-elles été des assemblées politiques ?

La Législature et la Convention étaient-elles des assemblées politiques ?

Ces grandes et solennelles réunions

n'ont-elles pas été inspirées par les plus hautes vues d'ensemble? N'y avait-il pas en elles l'élévation, le génie, la majesté des hommes d'état?

Croyez-vous que les salles muettes de l'Empire et que les Chambres de la Restauration, issues du privilège électoral, étaient douées d'un sens politique plus profond que ces immortelles assemblées de nos temps héroïques.

Vous-mêmes, messieurs des Chambres de 1830, oseriez-vous vous comparer à ces éclatantes manifestations de l'esprit national, à ces résumés vivants de notre pays, vous croiriez-vous de plus habiles politiques, de plus fiers diplomates, de plus courageux défenseurs des intérêts français, de plus réels appréciateurs de la politique que vos intrépides et illustres devanciers?

Non, chacun répond à son origine.

Les Chambres nommées par le peuple ont été grandes et glorieuses, celles qui n'ont dû la vie qu'à des corps spéciaux et séparés de la nation, ont pu accomplir de belles choses, mais n'ont jamais pu parvenir à la taille des autres.

La Chambre de 1830 seule a suffi, dites-vous, malgré le vice de sa naissance, à toutes les nécessités du moment, et a fait une révolution.

Etes-vous bien sûr que ce soit elle qui ait décidé et accompli ce grand acte. Ne serait-ce pas plutôt la nation de bout armée, combattante, qui aurait déchiré de ses mains la Charte de Louis XVIII, et précipité du trône, un vieillard et un enfant, triste et malheureux débris de quatorze générations de rois.

Si la Chambre de 1830 a montré quelque ardeur, si elle s'est élevée à une certaine hauteur, c'est que le peuple la tenait sous son haleine et lui soufflait le feu de la révolution.

Cet examen se résume ainsi :

Voulez-vous avoir des représentants de quelques intérêts plus ou moins étendus, faites-les nommer par ces intérêts.

Voulez-vous avoir des représentants du pays, faites-les nommer par le pays.

La France seule est capable de choisir ceux qu'elle appelle à l'honneur de la représenter.

PARTIE HISTORIQUE.

De l'ancienneté et de la primauté du principe de la souveraineté du peuple en France.

Plusieurs choses restent à établir. D'abord, l'ancienneté en France, de la souveraineté du peuple, sa filiation non interrompue depuis les temps les plus reculés de la monarchie jusqu'à ce jour, les services qu'elle a rendus; ensuite la parfaite aptitude du peuple pour exercer avec intelligence et utilité son droit de souveraineté. Il faudra montrer enfin les richesses multipliées que contient le peuple, trésor où les siècles ont puisé tour-à-tour les éléments de la grandeur française.

L'état primitif de la Gaule échappe aux recherches.

Nos plus vieilles générations ont dû subir dans l'imperfection de leur première existence sociale les abus de la force vive ; mais quelle a été précisément pendant la double période théocratique et aristocratique le degré de sujétion des Gaulois ou des Celtes ? nul ne peut le dire.

La puissance des prêtres ne trouvait-elle aucun frein dans l'agitation naturelle de la multitude ?

Celle des rois et des nobles n'avait-elle pas à lutter à la fois contre les prêtres et le peuple ?

Des actes soudains de colère et de destruction ne punissaient-ils pas souvent la violation du droit, et le véritable souverain ne se révélait-il pas par la mort?

Toutes ces questions peuvent être controversées, mais ne seront jamais pleinement résolues. Les conjectures seront plus ou moins ingénieuses ou probables, la nuit enveloppe nos premiers âges.

Vers les deux derniers siècles de l'ère païenne, les faits s'éclaircissent et l'histoire apparaît.

Une action démocratique s'établit dans l'est et le midi de la Gaule, pour se propager bientôt sur toute la surface de ce grand pays.

La première révolution remonte donc au-delà des temps chrétiens.

Vers l'an 120 environ avant J.-C., le peuple fit acte de souveraineté sur cette terre notre domaine, et en vertu de sa toute puissance, chassa ses gouvernants, rois, nobles ou prêtres, pour organiser des gouvernements réguliers et populaires.

C'est le premier effort et le premier triomphe de la démocratie ; c'est le premier acte connu de la souveraineté du peuple en France.

Tacite* jette quelque lumière sur la situation politique de ce temps et sur celle des époques qui l'ont précédé, en racontant quelle était la part limitée du pouvoir que les nations d'origine germanique laissaient à leurs chefs.

Voici ses phrases.

Chez les Germains :

Les rois n'ont pas une puissance illi-

* Tacite, Germanie, ch. VII et XI.

mitée ou indépendante, et leurs généraux commandent par l'exemple plus que par l'autorité.

Les affaires peu importantes sont réglées par les chefs; les autres par la nation. Ils s'assemblent à des jours fixes : ils prennent place tout armés; le roi ou le chef, selon qu'il a d'âge, de naissance, de considération militaire, d'éloquence, se fait écouter par la force des raisons plutôt que par celle de l'autorité. Si son avis a déplu, un cri général l'annonce : si les hommes l'approuvent, ils agitent leurs framées. On peut aussi à ces assemblées générales porter les accusations et les affaires criminelles. C'est dans ces mêmes assemblées qu'on élit aussi les chefs qui rendent la justice dans les cantons et dans les bourgades.

Aux grandes époques de l'histoire, la

liberté a toujours été la chose principale dans ce pays. L'amour de la gloire seule a rivalisé avec elle.

A la suite de ce mouvement, la vieille Gaule eut ses franchises et ses coutumes libres. De vastes assemblées réunies dans la profondeur des forêts, sous la direction de chefs élus et sous l'influence, il est vrai, de la caste sacerdotale des druides, décidaient souverainement du destin de la nation.

Tous y étaient admis; et c'était plus qu'un droit, c'était un devoir de s'y rendre.

La sanction pénale la plus terrible atteignait le dernier venu; il était frappé de mort.

L'horreur de la tyrannie était telle, que l'an 60 avant notre ère, la nation ou tribu des Arvernes « condamna au sup-

« plice du feu un homme de noble race « pour avoir attenté à la liberté publi- « que, et voulu rétablir le régime proscrit « et abhorré des rois.* »

Alors la loi était impitoyable, elle l'était parce qu'elle émanait directement du souverain, de celui qui maniait la foudre, et encore parce qu'il était trop facile de lui échapper en fuyant. Elle avait dû nécessairement remplacer par la rigueur de ses arrêts, la force qu'elle perdait par l'impuissance de ses moyens pour atteindre le condamné.

La conquête romaine ne brisa entièrement ni les coutumes ni les lois.

Les habitudes paisibles de la municipalité remplacèrent les mouvements tumultueux des assemblées en plein air, et

* Thierry.

à mesure que les liens, dont Rome avait enlacé les cités gauloises, se relâchèrent; la puissance populaire grandit et la patrie se releva.

Telle était la situation de la Gaule à l'époque de l'invasion germaine.

Lorsque nos pères les Francs vinrent déployer leurs tentes et planter leur épée sur ce sol qui nous porte, ils étaient libres déjà. Ils exerçaient tous leur part de souveraineté. Les hommes, depuis le plus humble jusqu'au plus grand, assistaient debout, armés, à l'assemblée générale, et lorsqu'il était besoin d'un chef, c'était la majorité qui le nommait. En vertu de quel pouvoir?

En vertu du droit de tous et de chacun? en vertu de la souveraineté du peuple.

Ce principe était en vigueur, il fonctionnait; seulement on ne le nommait pas encore.

La souveraineté du peuple n'est donc pas en France un principe de nouvelle origine; il remonte aux premiers temps de notre vie nationale. Le peuple franc qui est venu soumettre et gouverner ce pays, l'a apporté comme une coutume établie chez lui, et il a été bien reçu par ces autres peuples qui le connaissaient déjà, surtout par ces puissantes cités de l'Armorique, dont l'indépendance concentrée dans le pouvoir municipal s'est débattue si longtemps avant de céder à la force féodale.

Le nom même que nous portons indique notre vieil amour pour la liberté.

Aussi parmi les tribus germaines, celles qui se distinguaient par leur indépendance et leur fierté, étaient seules décorées* de ce titre, et c'était bien un titre, une épithète de caractère, et non pas un nom propre, car on disait les Francs saliens, les Francs ripuaires, les Francs chérusques, tandis que les autres tribus portaient simplement le nom générique de leurs pères.

A la fin de l'hiver, Clovis réunissait les bataillons épars de la nation (à cette époque voisine de la conquête, l'armée et le peuple se confondaient) afin de les consulter sur les affaires de l'Etat, c'étaient les Assemblées du Champ-de-Mars.

Après une victoire, après la prise d'une ville ou d'un camp, lorsqu'il s'agissait de partager le butin, l'armée se réunissait autour des dépouilles, et le sort faisait

* *Henrion de Pansey*, p. 6.

la part de chacun, qu'il fut roi ou soldat.

La rigueur de la loi qui voulait que nul n'eût un privilége au détriment des autres, était telle que l'opposition d'un seul était respectée par tous, et formait un obstacle invincible. On le vit bien après la victoire de Clovis sur Siagrius, roi ou général des Romains.*

Des églises avaient été pillées par les Francs encore idolâtres.

Saint Remy, évêque de Rheims, écrit au roi pour lui redemander un vase précieux enlevé à l'un de ses temples. Venez à Soissons, dit Clovis aux envoyés, et si le sort me le donne, vous l'aurez.

Le jour de la distribution, Clovis craignant l'incertitude du sort, élève la voix

* Grégoire de Tours.

et dit : Compagnons, je vous prie de vouloir bien m'accorder outre ma part, le vase que voilà. Tous s'écrient : Glorieux roi, tout ce qui est ici est à toi, fais tout ce qui te sera agréable.

Mais un simple soldat quitte son rang, s'avance vers le butin, choisit le vase, et le brise d'un coup de hache en disant : De tout ceci tu ne recevras rien que ce que la justice du sort te donnera, et il se retira sans que personne osât le punir de sa hardiesse, tant la loi était forte, tant l'égalité était puissante.

Ce fait est selon moi d'une haute signification ; il contient l'esprit même de la constitution de l'époque, il montre la puissance générale du peuple, l'importance relative de chacun, la sujétion du roi, le respect de tous pour les droits d'un seul, du plus petit comme du plus grand, enfin la grandeur, l'étendue et l'intelligence de nos premières assemblées populaires.

Plus tard Clovis se vengea : sous le prétexte d'une faute légère, mais qui tombait sous sa juridiction, il fracassa la tête du soldat comme celui-ci avait fracassé le vase de Soissons.

Cependant à mesure que les intérêts devinrent plus nombreux et plus exigeants, à mesure que les circonstances devinrent plus difficiles, les principes ou plutôt les mœurs et les usages de nos pères s'affaiblirent; des intérêts armés dominèrent l'intérêt général, dans la nouvelle société le servage dont le principe remontait à la conquête, s'établit du pauvre au riche, mais non pas du maître à l'esclave. Sur cette noble terre de France, il n'y a jamais eu que des hommes libres, mal gouvernés sans doute, exploités par un petit nombre, mais libres enfin. La conquête elle-même n'a pu amener l'esclavage. En France, l'homme n'a jamais été que l'homme.

Malgré la perte successive des droits généraux qui appartenaient à tous les membres de la famille conquérante des Francs, le principe de la souveraineté nationale continuait à vivre dans le cœur de la constitution et dans la conscience du peuple.

Et lorsqu'un grand péril menaçait l'Etat, le roi faisait appel à tous, et convoquait la nation.

Il ne sera pas sans intérêt de suivre ce grand principe de souveraineté à travers ces phases successives, depuis les grandes journées de la conquête jusqu'à ce jour.

On verra quelle force vitale il porte en lui, et de quelle ressource il a été pour nos pères.

Les Assemblées de Champ-de-Mars continuèrent sous les premiers successeurs de Clovis, mais le mélange des deux familles franque et gauloise, s'achevant par l'effet naturel du temps, les armées qui composaient les assemblées nationales ne se réunirent plus aussi fréquemment, chacune resta dans son foyer, vivant paisiblement sur son héritage, et laissa dormir son droit. Les rois en profitèrent pour gouverner à leur aise, ou plutôt les ambitieux qui les entouraient clercs et laïques, abusant du repos de la nation et de la mollesse des rois, gouvernèrent sous leur nom, à leur profit particulier.

Cette race chevelue périt de vétusté.

Une autre lui succède par l'élection. Le principe revient ici dans sa force. Les Mérovingiens étaient dégradés; ils n'avaient plus ni énergie, ni pouvoir. D'autres hommes s'étaient emparés des rênes de l'État, et on sentait généralement la nécessité de changer l'ordre de sucession.

Cependant la vieille religion pour la souche primitive était si puissante qu'on la respectait jusques dans les fantômes que les maires du palais installaient sur le trône.

Insensiblement toutefois le privilège de la race s'affaiblissait.

L'hérédité en ligne directe était méconnue. Des assemblées nationales, mais à demi-corrompues, composées des partisans de la puissance qui s'élevait, faisaient le choix du roi dans la lignée royale. Ainsi, à la mort de Dagobert, vers l'an 714, un clerc du nom de Daniel est élu roi, sous le nom de Chilpéric.

A sa mort, une autre élection élève au trône Thierry IV dit de Chelles.

A cette époque, l'hérédité existait quant à la famille, mais n'existait déjà plus quant aux individus.

Puis, comme pour accoutumer le peuple à se sevrer de la famille régnante, Charles-Martel laisse le trône vacant pendant cinq années.

Plus la nouvelle famille s'approche du trône, plus elle ravive le principe de la souveraineté nationale, afin qu'à un jour donné, elle puisse lui demander la vie royale.

Quelques rois passent rapidement sur le trône.

Les assemblées nationales se multiplient; l'une d'elle offre la couronne à

Pépin, qui refuse : une seconde insiste. En 752 enfin, l'assemblée de Soissons le déclare roi. Cette fois il accepte, et il monte sur le trône en vertu du principe de la souveraineté du peuple.

Cette souverainté assurément n'était pas exercée alors par qui de droit; le peuple était étranger à ces réunions de nobles et de prélats, qui agissaient pour lui, mais enfin c'était au nom du principe d'élection et du droit primitif de la nation qu'ils prétendaient agir.

Un de ces hommes robustes que la Providence envoie trop rarement aux peuples, maintient le principe dans l'application et lui fait produire de beaux résultats.

Charlemagne convoque la nation à de fréquentes intervalles; il converse, il discute, il vit avec elle.

Il lui soumet ses capitulaires, fameux par leur sagesse, leur libéralité, et ces notions instinctives de civilisation qui font de ce roi la merveille de son temps.

A cette époque, l'élection était souveraine dans l'Église. Les pages Grégoire, Étienne, Paul, Adrien, sont nommés par la multitude romaine, et reçoivent de Dieu par les mains du peuple la conduite de la chrétienté.

Bientôt commence le règne déplorable de Louis-le-Débonnaire.

Les assemblées nationales perdent leur caractère. Elles deviennent des foyers d'intrigues. Le peuple en est éloigné, les grands et les évêques se réunissent seuls et décident souverainement du destin de l'État ; mais par un reste de respect pour le principe de la souveraineté et par une coupable hypocrisie qui se retrouve dans notre siècle, ils s'intitulent encore les mandataires du peuple.

Les rois eux-mêmes voulaient procéder de cette puissance.

Dans le serment de son sacre, Louis-le-Bègue disait : Je suis roi par la grâce de Dieu et l'élection du peuple.

A quelques années de là on vit bien par l'élection du comte Eudes à Compiègne, que le droit n'était pas entièrement perdu.

Voici venir la troisième race qui, elle aussi, débute par l'élection. Un dernier combat entre le vieux droit et le fait nouveau s'établit.

En 922, Robert, comte de Paris, monte sur le trône en vertu d'une double élection ecclésiastique et militaire. Il tombe sous les coups de Charles-le-Simple : ce qui ne détruit pas la question et ne rend pas le trône au souverain prétendu légitime.

Les seigneurs francs élisent un autre roi, Raoul, duc de Bourgogne.

En 936, Louis d'Outre-Mer est rappelé sur le trône de ses pères en vertu de son titre héréditaire et du principe électif.

La race appauvrie de Charlemagne se débat en vain dans une pénible agonie.

La nation et la vie se retirent d'elle.

Hugues Capet se fait choisir roi dans l'assemblée de Noyon, et afin de prévenir l'exclusion de ses fils, il prend la précaution de les asssocier de son vivant à sa puissance, tant il craignait qu'après lui, les grands ou le peuple qui l'avaient élu, n'en choisissent un autre librement et sans égards à sa volonté et à sa famille.

C'est ainsi que le principe fut perdu quant à l'élection royale.

L'hérédité devint un fait que plus tard on transforma en droit.

Néanmoins ce principe de souveraineté populaire continue à se manifester dans l'Église : il se retrouve ensuite à de certains intervalles dans les occasions de salut public.

Pendant le onzième siècle, le peuple était encore en possession de nommer les évêques, seulement le clergé commençait à lui disputer ce droit.

En 1018, Rollon fut nommé évêque d'Angoulême par les votes de tous; à Cambray, en 1094, Manassés est choisi par le peuple; à Chartres, Yves reçoit son titre des mains de la multitude.

Il en fut ainsi à Die, à Embrun, à Langres, à Limoges, à Lyon, à Meaux, à Metz, à Nevers, à Noyon, à Orange, à

Paris, pour l'élection de Francon, au Puy, à Reims, à Sens, à Toul, à Verdun.

Ces faits d'élection pontificale ne permettent pas à l'Église de redouter, dans notre siècle, le principe de la souveraineté du peuple qu'elle a pratiqué au temps de sa grandeur et qui a fait sa force, de même qu'ils ne permettent pas au peuple de considérer les doctrines catholiques, et les milices cléricales comme opposées fatalement à l'exercice de la souveraineté.

Cette souveraineté reprendra ses droits. Nous avons vu que son action n'était jamais absente dans la longue série de notre histoire. Elle se révèle par des faits d'une certaine nature. Le nombre ne perd jamais sa puissance ; on retrouve toujours quelque part l'importance et la volonté du peuple.

Après la conquête, les libertés municipales s'étaient effacées sous la main féodale. Cependant elles vivaient encore dans certaines villes, quelques institutions en conservaient l'empreinte, et les souvenirs n'en étaient pas perdus.

Au douzième siècle commence le mouvement général de l'émancipation des communes.

La royauté reprenait sa force. Mille petites seigneuries déchiraient le royaume et l'affaiblissaient. Appauvris par leurs luttes et par les croisades, les seigneurs capitulèrent devant cette puissance royale qui se relevait avec le bras du peuple dont elle avait mendié l'appui. Les uns cédèrent à la force, les autres à l'argent.

Bref, sur toutes les parties du royaume, le peuple s'agita et obtint des chartes d'affranchissement qui lui donnaient en certains lieux le droit de se rassembler pour nommer ses magistrats, et de prendre les armes pour se défendre même contre son seigneur.

La souveraineté du peuple s'exerçait assez largement. Les citoyens avaient droit de justice dans la cité, et cette justice était exercée par le maire et par des jurés, comme il est dit dans la charte de Laon, octroyée en 1128 par Louis-le-Gros.

Le peuple traitait directement avec les rois. Il y avait des engagements réciproques : c'étaient deux têtes couronnées qui faisaient leurs conditions. Ainsi dans la charte de 1183, consentie par Philippe Auguste et les habitants d'Orléans, ce prince renonce à s'emparer jamais de leurs personnes s'ils veulent se soumettre à sa justice.

En ce temps, le peuple jouissait, non pas sans contestation, non pas sans être obligé à une défense continuelle et énergique, mais jouissait enfin de l'exercice des droits essentiels de la souveraineté. Il élisait ses magistrats; il était jugé par ses pairs, par des jurés, il répartissait l'impôt; il s'armait pour sa sûreté, et les citoyens entouraient leurs villes de remparts afin de se défendre contre les attaques des seigneurs et des rois.

En ce temps, la France était une réunion de municipalités et de petits et grands fiefs, qui formaient comme une vaste fédération, sous la tutelle d'un chef héréditaire; et comme ce chef était contenu par les autres chefs féodaux dont il était entouré et à qui sa race devait l'établissement de sa puissance, il s'en suivait qu'il n'était pas assez fort pour opprimer les masses. Bien plus il était forcé d'avoir recours à elles pour se soutenir contre les empiétements, les jalousies, les haines de ces vieux barons qui portaient couronnes, et s'attribuaient comme des souverains le droit de haute et de basse justice.

C'est le secret de l'émancipation populaire des XIIe et XIIIe siècles.

Les rois, à l'aide du peuple, en arrivèrent bientôt à ce point de liberté et de puissance, que l'un d'eux, Philippe-le-Bel, dans des ordonnances générales, adopta cette formule au grand étonnement de tous « en vertu de la plénitude de notre puissance et autorité royale. »

Mais on vit bientôt que des phrases, toutes royales qu'elles sont, ne suffisent pas pour déplacer la souveraineté.

Lorsque le pape Boniface, écrivant au

roi, le 5 décembre 1300, voulut lui imposer son autorité, et le réduire à une sorte de vasselage : ce prince comprit bien vite qu'il ne pouvait résister à cette puissance qu'avec le concours du peuple. Il abaissa aussitôt son orgueil, implicitement il se reconnut inférieur en autorité et en force à la nation, il convoqua les Etats-Généraux. Clergé, noblesse, Tiers-Etats se trouvèrent au rendez-vous indiqué à Paris pour le 10 avril 1303 ; ils prirent parti pour le monarque.

Ce fait est peut-être plus important pour la suite de l'histoire qu'on ne le suppose généralement. Si le bon sens national, si le patriotisme n'avaient pas triomphé à cette occasion des préjugés religieux et des craintes superstitieuses, si le peuple avait abandonné le monarque, le royaume de France devenait un des fleurons de la thiare pontificale, et il n'est pas possible de calculer les conséquences de cette nouvelle situation sur les affaires de l'Europe et sur le mouvement du monde.

Ainsi, dans tous les grands périls, le principe reparaît.

Voyez plutôt en 1355, la France est engagée dans une guerre laborieuse contre sa vieille ennemie. L'Etat est aux abois, il faut redoubler d'énergie pour résister aux forces de l'Angleterre. Où le monarque va-t-il puiser sa force, retremper sa vigueur? Dans le sein de la nation.

Il réunit les Etats-Généraux, il consent à l'ordonnance du 22 décembre de la même année, ordonnance qui réforme les abus, règle les impôts, soumet la personne royale aux charges communes, promet de ne faire ni paix ni trève sans la volonté des Etats-Généraux.

Les malheurs de la France s'augmentent ; avec eux la fréquence des assemblées générales.

En 1356, le roi est prisonnier, l'empire va être livré à l'ennemi ou à l'anarchie, on appelle les Etats.

Dans ces graves circonstances, l'énergie patriotique embrasse tout ; elle fournit des subsides et des levées d'hommes pour résister aux Anglais ; elle signale les incertitudes de l'administration et en exige le terme ; elle met des conditions à son concours, et soumet enfin le gouvernement à la représentation nationale.

Quelques faits prouveront à quel point s'était élevé le vieux sentiment de la souveraineté française.

Les gens du roi assistaient à l'ouverture des Etats; les Etats font dire à M. le Dauphin, qu'ils ne veulent pas délibérer en leur présence; les gens du roi se retirent.

Lés conseillers du régent inquiétaient le peuple; les Etats font prier ce prince de venir leur parler secrètement, le régent se rend à cette invitation, et là il lui est signifié d'avoir à renvoyer vingt-deux de ses plus fidèles conseillers et à les mettre en jugement.

Les vingt-deux conseillers sont destitués.

Les Etats allèrent plus loin; ils essayèrent de constituer une représentation permanente qui devait former le conseil du régent et le tenir en tutelle.

Ils demandèrent qu'on prît dans leur sein des commissaires qui seraient chargés de réprimer les malversations des officiers du prince; et enfin qu'il y eut auprès de lui un conseil composé de quatre prélats, de douze chevaliers et d'un pareil nombre de membres du Tiers-Etat.

Rien ne devait être fait sans l'autorisation de ce conseil.

Pendant que ces choses se passaient au parlement, le peuple était sous les armes; il s'organisait en dehors de la royauté; il obligeait le Dauphin à se parer de ses couleurs, à donner l'accolade au roi de Navarre, son mortel ennemi, et à assister au double assassinat de Robert de Clermont et de Jean de Conflans.

Le péril était si grand pour la monarchie, et le Tiers-Etat était devenu une telle puissance, qu'un historien moderne n'a pas craint de dire : « que la monarchie eût été dissoute si les bourgeois de Paris, conduits par Marcel, avaient mis plus d'habileté dans leur conduite, et n'avaient pas effrayé mal à propos la noblesse. »

En 1357, 1358, 1359, 1360, 1367, 1381, de nouvelles réunions ; ce sont presque des sessions annuelles.

Charles VII les convoque à plusieurs reprises, et Louis XI les appelle en 1467 pour régler l'apanage de son frère, s'en rapportant entièrement à leurs décisions. Sous le règne de son fils, les Etats-Généraux s'assemblèrent à Tours, c'est là que le principe de la souveraineté nationale fut établi et proclamé par Philippe Pot, seigneur de la Roche, gentilhomme de la province de Bourgogne.

Cette doctrine fut sanctionnée par les acclamations publiques.

D'autres Etats furent tenus dans la même ville, en 1506.

D'autres enfin se réunirent à Cognac

en 1526 et 1527, afin de prêter secours au roi contre l'Espagne qui réclamait toujours, en vertu du traité de Madrid, le plus magnifique joyau de la couronne, cette belle et patriotique Bourgogne, le cœur de la France.

Chaque fois que le trône est menacé ou que la patrie chancelle, on introduit le peuple dans le conseil.

Pendant le cours de nos discordes religieuses, le recours à la nation devient plus d'une fois nécessaire.

Ce motif décida la convocation des Etats d'Orléans en 1560, de Blois en 1576 et 1588.

Les partis à leur tour voulurent se donner la sanction populaire. Les ligueurs convoquèrent les Etats-Généraux en 1593.

En 1614, dans la même ville, se tinrent les derniers Etats-Généraux de la vieille monarchie. Ils ne devaient plus être rassemblés que pour changer les formes et les lois, détruire les grands abus, et lancer la société dans des voies nouvelles.

Le 24 janvier 1789 une ordonnance de Louis XVI les convoque dans la ville de Versailles.

Le premier soin de cette grande assemblée est de déclarer que le peuple a des droits imprescriptibles, que ces droits sont au-dessus de toute puissance humaine, et qu'en possession de l'exercice de sa souveraineté, désormais tout procédera d'elle seule.

Un jour de courage et de succès suffit pour détruire tous les faits accumulés de tyrannie et d'usurpation, et rend à la nation sa liberté, son indépendance, ses droits et sa couronne.

Je suis amené naturellement ici à reconnaître un fait qui n'a pas été remarqué, et qui montre à la fois la puissance du principe et l'énergie du mode électoral universel à deux degrés.

Qui a fait la révolution de 1789 ? Qui a lutté contre toutes les forces de la vieille monarchie? Qui a renversé sur le sol cette puissance adossée contre quatorze siècles? Qui a dispersé les intérêts coalisés de la finance, de l'épée, de la cour et de l'étranger.

Qui a fait revivre en quelques jours la majesté nationale? Qui a dit au roi et plus tard à l'Europe, voilà votre maître? Qui a forgé cette couronne de diamant et de fer que porte la France ?

Qui ? l'Assemblée nationale ; et l'Assemblée nationale qui l'a faite? Cette portion de l'Assemblée qui représentait le Tiers-Etat, en portait le titre et le nom; et cette fraction du Tiers-Etat, qui l'a faite? L'élection; encore quelle élection? L'élection universelle à deux degrés. Oui, c'est à la source vive, en pleine nation qu'a commencé l'élection de ce fameux Tiers-Etat, à qui nous devons notre glorieux affranchissement. C'est dans les assemblées de paroisse où il suffisait d'être Français ou naturalisé, âgé de 25 ans, domicilié et compris au registre des impositions pour être admis à composer des cahiers de doléances, et à choisir ceux qui devaient présenter ces cahiers aux assemblées électorales des villes.

Les secondes assemblées examinaient les cahiers des réunions de paroisse, en écoutaient les délégués, et à leur tour rédigeaient des cahiers, et nommaient des délégués qui devaient se rendre aux assemblées baillagères pour préciser les plaintes et les demandes, et pour nommer les députés chargés d'assister aux Etats-Généraux, et de défendre les doléances.

La volonté populaire était donc forcée de traverser deux épreuves avant de pouvoir se concentrer dans une formule, et se personnifier dans un homme. Il est évident que ce troisième degré était un retard et un empêchement. Et cependant la loi était suffisamment nerveuse, suffisamment exacte; l'instrument était assez puissant et assez parfait pour extraire du sein de la multitude toutes les opinions et toutes les idées, et pour verser fidèlement sans déperdition et sans mélange, le flot de la pensée française dans la législation et le gouvernement.

Pourrait-on accuser d'insuffisance la loi qui a donné à la France Mirabeau,

Bailly, Sièyes, et tous ces athlètes plus ou moins grands qui ont composé l'Assemblée nationale, et restauré la liberté en France.

C'est donc à ce vieux et bon principe de la souveraineté du peuple, et au mode électoral à deux degrés que nous devons la révolution de 1789.

Nier la puissance de l'une est impossible, rejeter l'autre sans examen et à priori, sur la foi de quelques préventions, serait un péché d'ingratitude.

Le mode électoral qui a produit un tel résultat doit nécessairement contenir en lui une force propre que les peuples et les gouvernements ne peuvent pas négliger sans une coupable imprudence.

Ce même mode électoral a eu dans des pays voisins des résultats analogues, pouvant être comparés en quelque chose aux résultats obtenus en 1789 en France.

Ces fameuses Cortès qui ont sauvé la monarchie espagnole du joug de l'étranger, ces Cortès de 1812 qui, acculés à Cadix, luttaient contre Napoléon, alors que l'Europe continentale se taisait devant le conquérant; ces illustres représentants de la nationalité espagnole, qui organisaient à la fois la victoire et la liberté, qui domptaient l'étranger et le pouvoir absolu, qui seuls, presque sans armées, sans places de guerre, et sans argent, suffisaient à cette énorme tâche, avaient été élus par le peuple, en vertu du principe de la souveraineté générale, et au moyen du mode électoral à plusieurs degrés.

Ainsi les deux mouvements politiques les plus larges et les plus puissants qui, depuis 50 années, ont été opérés en Europe par les peuples, sont dus au principe et au mode électoral que nous cherchons à faire prévaloir.

Aussi, malgré les haines vives et intéressées qui s'attachent au premier, et malgré les préventions qui s'attachent au second, l'opinion publique est-elle en faveur de l'un et de l'autre.

En 1830, un seul reproche a été adressé à l'illustre général Lafayette, dont la conscience si pure n'a jamais été soupçonnée, c'est de n'avoir pas pris sur lui la responsabilité de la convocation des assemblées primaires, selon la loi de 1791.

La confiance dans le mode électoral à deux degrés était donc bien grande, puisque le lendemain de la révolution, lorsque le peuple était directement le maître partout, lorsque nos rhéteurs n'avaient pas songé encore à noyer sa souveraineté dans le flot de leur parole, il demandait lui-même qu'on l'appelât régulièrement dans les comices populaires, afin de pouvoir exprimer sa volonté sur la forme et le personnel de son gouvernement. A cette époque, il n'y avait qu'une voix pour demander l'exécution immédiate de la loi de 1791, c'est-à-dire l'élection à deux degrés.

Si nous jetons un coup d'œil rapide sur les divers mouvements politiques qui ont tour-à-tour agité la France, et que nous venons d'analyser, nous reconnaîtrons trois phases distinctes, et dans chacune de ces phases, nous verrons le principe de la souveraineté générale, affectant une forme ou une disposition différente.

Du temps de nos pères, aux époques

primitives, au-delà du Rhin, et depuis, dans les plaines entre Tournay, Paris et Orléans, demeures successives des Francs avant qu'ils eussent fondé leur grand empire, tout le peuple était soldat, il n'y avait pas une nation distincte de l'armée.

On discutait, on délibérait les armes à la main.

La souveraineté du peuple s'exerçait dans toute son énergie; il n'y avait pas de mode électoral alors parce qu'il n'y avait pas de représentation, le peuple faisait directement la loi, et choisissait lui-même les chefs qui devaient la faire exécuter.

Tant que la conquête fut imminente, et que le royaume des Francs ne fut pas assis sur une forte base, les réunions armées eurent lieu, parce qu'elles étaient dans l'utilité de tous.

Cette constitution populaire était, pour ainsi dire, instinctive; elle n'avait été ni préparée, ni discutée, elle existait naturellement.

A mesure que les Francs se mirent à cultiver leur domaine, à mesure que les frontières de l'Etat s'étendirent au loin, les réunions armées devinrent moins nécessaires, et parconséquent plus rares.

D'autre part le christianisme venait de créer une influence nouvelle. Les ministres de Dieu qui étaient bien à la fois, en ces temps sauvages, des ministres de paix, d'indulgence et de civilisation, de véritables amis et défenseurs du peuple, prenaient place partout dans la société.

Ils possédaient une double force par le fait de leur origine pontificale et populaire. — L'élection était puissamment organisée dans l'Eglise. Le prêtre était l'élu de tous, et depuis la modeste cure de château ou de village jusqu'au pontife suprême, tous devaient recevoir la double consécration de Dieu et de la multitude.

Cette influence sacerdotale remplaça l'influence armée.

A celle-ci en succéda une autre. Les besoins de la société s'agrandirent avec l'accroissement de la population et le développement du commerce. Les intérêts municipaux devinrent d'une haute importance, et comme les intérêts politiques ne se trompent pas, les forces de la nation se portèrent vers la conquête des libertés locales. Les municipalités remplacèrent l'influence du clergé. Enfin, la nation s'étendant, le commerce reculant ses limites, les intérêts devenant de jour en jour plus nombreux, le vieux système de gouvernement institué seulement pour la protection de quelques intérêts, laissant de jour en jour un plus grand nombre d'intérêts, d'individus et d'idées, en dehors de son mouvement, une transformation était indispensable.

La classe moyenne fit la révolution et s'installa grandement au pouvoir.

L'influence de la bourgeoisie succède ici à l'influence des municipalités.

La bourgeoisie avait vaincu à l'aide du peuple ; elle ne comprit pas que ce peuple était arrivé à l'âge d'émancipation.

Elle voulut limiter la révolution de 1789 à un simple déplacement d'influences.

Le peuple résista. D'autre part, la vieille royauté résista encore ; la multitude au milieu de ce conflit chercha vainement sa place.

La guerre civile s'établit pendant de longues années dans ce pays.

Elle dure encore. Comment peut-elle finir ? Par l'organisation politique générale de la démocratie, c'est-à-dire de la nation.

Cette organisation c'est la loi que nous cherchons, c'est la Réforme électorale, ou plutôt c'est la participation, au moyen d'un mode régulier et paisible, de tous les citoyens à l'action du gouvernement.

On comprendra en effet que c'est la fin de toutes choses en politique, et que celui qui pourra dire, je viens apporter ce bienfait à mon pays, pourra seul ajouter dire avec autorité : Je viens fermer l'abîme des révolutions.

Il est donc facile d'embrasser d'un seul coup-d'œil la vie politique de la France.

On voit que les institutions libres,

malgré les mutilations que les intérêts aristocratiques leur font subir, se développent en raison des besoins, pour aboutir en ce temps, à la liberté générale.

D'abord influence armée; — puis influence chrétienne et cléricale: à celle-ci succède l'influence municipale, à cette autre l'influence de la bourgeoisie, et aujourd'hui, à toutes ces influences, l'influence définitive et générale, l'influence du peuple.

La puissance divine a construit et couronné l'édifice, et le peuple aujourd'hui tient d'elle et porte dans sa main le globe impérial d'or, surmonté de la croix, doubles symboles d'universalité, de richesses, de grandeurs, d'espérance et de foi?

De la parfaite aptitude du peuple à exercer avec intelligence et utilité son droit de souveraineté.

On n'accusera pas Montesquieu d'avoir été le flatteur de la multitude ; on ne lui adressera pas le reproche banal du jour, d'avoir été imbu des doctrines de la révolution de 1789. Et cependant cet homme austère, vivant au milieu d'une cour où le pouvoir absolu était seul compris, où la volonté du monarque était la mesure de toute chose, même de la justice, Montesquieu jugeait ainsi le peuple dans ses actes d'élection :

« Le peuple est admirable pour choisir ceux à qui il doit confier quelque partie de son autorité. Il n'a à se déterminer que par des choses qu'il ne peut ignorer, et des faits qui tombent sous les sens.

« Si l'on pouvait douter de la capacité naturelle qu'a le peuple pour discerner le mérite, on n'aurait qu'à jeter les yeux sur cette suite continuelle de choix étonnants que firent les Athéniens et les Romains, ce qu'on n'attribuera sans doute pas au hasard. »

La vérité avait dompté le préjugé, la nature aristocratique du noble auteur, et il avait proclamé un fait qui aujourd'hui est contesté par des gens bien inférieurs à lui, en naissance, en raison, en génie.

Nous trouverions des exemples nombreux à l'appui, si nous voulions étudier l'histoire générale des peuples.

Nous n'emprunterons qu'un seul fait aux annales étrangères, et encore tient-il à l'histoire de l'Église qui appartient à tous les pays catholiques.

Lorsque le siège épiscopal de Milan

vint à vaquer, qui distingua hors de la foule celui qui devait remplacer le prélat ? Qui, mettant de côté les règles ordinaires, désigna un simple laïque ? Qui reconnut dans la vie et le caractère de cet homme les signes de sa vocation et de son utilité ? Qui, le voyant entrer dans la basilique, cria d'une seule voix : Tu seras évêque de notre cité, tu seras notre élu et l'oint du Seigneur ? Qui ? Le peuple.

Et celui qui reçut ainsi le pallium des mains de la multitude fut saint Ambroise.

A quelques années de là, l'empereur Théodore signait à la prière d'Ambroise cette loi restée fameuse qui ordonnait de suspendre pendant trente jours les exécutions capitales.

Mais en France, l'élection appliquée à la magistrature suprême, à la royauté, n'a-t-elle donc pas toujours été pratiquée avec une rare intelligence ?

Une race est usée, elle ne peut plus rien pour le bonheur du pays. Le pays l'abandonne, et il en choisit une autre qu'il croit meilleure pour lui succéder.

Témoin, la chute des Mérovingiens et l'élévation de cette puissante famille qui contenait dans ses flancs Charlemagne, prince de grande dimension, à lui seul valant toute une race.

Et quand cette même famille est usée par les plaisirs et par l'âge, il la rejette et en prend une autre.

La Providence le permet, le veut ainsi, pour montrer que les races royales ne sont dans ses puissantes mains que des instruments dont elle se sert passagèrement pour le service des peuples; races qui n'ont qu'une vie limitée et qui meurent comme toutes les choses de ce monde.

Du temps des deux premières races, il y eut plusieurs élections de rois lorsque les circonstances devinrent assez vives pour les nécessiter.

En 888, le royaume est déchiré par les guerres civiles, menacé par les Nortmans; la succession royale ne fournit plus de défenseurs au peuple, le sceptre ne serait qu'un frêle roseau entre les mains de l'héritier naturel; le salut de l'état prescrit une grande mesure; les évêques, nés de l'élection, et les fidèles assemblés à Compiègne, délibèrent sur le choix du souverain, les titres de plusieurs sont débattus. Dès lors l'élection est sérieuse et complète. Un homme de guerre, qui, déjà du vivant de Charles-le-Gros, avait osé aspirer à la couronne de France et à l'empire, le comte Eudes ou Odon l'emporte sur ses concurrents.

Accueilli par les acclamations du peuple, il justifie son élection en repoussant les Nortmans qu'il force à lever le siège de Paris.

En 922, les descendants de Charlemagne étaient arrivés à la décrépitude. Les barbares s'étaient emparés des villes principales du royaume. Ils ne les avaient quittées qu'à force d'or. Un chef puissant par le bras et par la tête était nécessaire, Robert-le-Fort fut élevé au gouvernement de Paris.

Ainsi, chaque fois qu'il y a péril dans l'Etat, et que la famille ou le chef couronné, manque des qualités utiles, le peuple les remplace.

Ces changements de dynastie et ces élections furent toutes accomplies sous l'inspiration des nécessités du moment, et répondirent à l'intention qui les avait déterminées.

Il n'est pas jusqu'à l'élévation de Napoléon au trône impérial, et son abandon en 1814, qui n'atteste la sagacité du peuple.

Mais si la multitude sait ainsi comprendre par intuition ce qui lui est nécessaire dans les circonstances difficiles, et l'usage qu'elle doit faire de son droit suprême de puissance et d'élection, elle ne montre pas une intelligence moins sérieuse et moins vive lorsqu'il s'agit de déterminer les principaux détails d'une organisation générale.

La défiance de certaines gens contre le peuple est donc à la fois injurieuse et injuste. Ce peuple est capable non seulement de faire les choix électoraux les plus intelligents, les plus généreux, les plus grands, mais il est capable encore de donner à ses mandataires les plus riches instructions.

Reportez-vous à quelques années en arrière, revenez sur vos pas, lisez ce que disait, en 1789, le Tiers-Etat, le peuple, dans ces assemblées préparatoires, où avant de nommer ses délégués aux assemblées des villes ou aux baillages, il discutait et formulait lui-même ses plaintes et ses espérances : Lisez le résumé des cahiers du Tiers-Etat, qui eux-mêmes n'étaient que le résumé succinct des cahiers formés par les assemblées de paroisse où tout le monde était admis avec la seule qualité de Français ; vous serez étonné de trouver là dans ces délibérations populaires, dans ces rédactions citoyennes, les germes de toutes les améliorations raisonnables et utiles que nos diverses assemblées ont successivement adoptées.

Par son réglement du 25 janvier 1789, Louis XVI appelle tous les citoyens indistinctement à prendre la parole dans les réunions politiques des paroisses, à l'effet de discuter tous les intérêts du pays, et de donner leur avis sur les moyens propres à réformer les abus et à asseoir un bon système de gouvernement.

Ces assemblées ont lieu paisiblement, régulièrement, et les opinions émises et rédigées dans leur sein et transmises successivement d'assemblées en assemblées jusqu'à la Constituante, ont servi de base à cette révolution générale qui a renouvelé la surface de la France.

Douterait-on de l'importance de ces rédactions?

Voici quelques-uns des vœux émis par le peuple en ce temps-là.

Les assemblées baillagières de Nîmes, Ponthieu, Dax, Saint-Sever, Bayonne, Clermont-Ferrand, Rouen et Rennes, demandent une constitution écrite, et disent que la constitution et les lois doivent être le premier objet de la sollicitude de l'assemblée nationale, qu'il s'agit de réparer les fautes et les malheurs de plusieurs siècles; qu'il faut faire d'abord avec le souverain le saint contrat qui doit toujours exister entre un peuple et un roi, et que les lois faites par les Etats-Généraux doivent être dans l'avenir les règles suprêmes dans toute l'étendue du royaume.

Voilà, j'espère, une idée assez haute et un principe assez ferme.

L'idée et le principe appartiennent à des paysans et à des bourgeois.

Toul veut qu'il n'y ait plus de différences entre les provinces. C'est l'unité française qui apparaît. Paris pose le grand principe de l'égalité civile et politique, en déclarant que tous les hommes sont nés libres, et ont un droit égal à la sûreté, à la propriété de leurs personnes et de leurs biens.

Troyes veut que tous les citoyens soient admissibles à tous les emplois civils et militaires.

Etampes s'élève à la division fondamentale et absolue des pouvoirs ; il dit que le pouvoir législatif appartient à la nation, le pouvoir exécutif au roi, et que le pouvoir judiciaire doit être complètement indépendant dans son exercice de l'un et de l'autre.

Je ne pousserai pas mes citations plus loin ; qu'il suffise de savoir que les assemblées populaires ont abordé toutes les questions dans leur ensemble, dans leurs détails, et ont préparé les matériaux de la glorieuse organisation que nous devons au courage et à l'intelligence de nos pères.

Qu'il suffise de dire que rien n'a été oublié par elle, liberté de la presse, tribunaux, code civil, code criminel, code municipal et de police, finance, impôt territorial, mobilier, éducation nationale, caisse provinciale, agriculture, code rural, féodalité, sa destruction, liberté du commerce, religion, clergé, convocation d'un conseil national, synodes diocésains; privilège de la noblesse incompatible avec la justice et l'égalité, noblesse personnelle, armée citoyenne, garanties pour l'officier, invalides, secours aux matelots, estropiés, port d'armes, droit de chacun d'en avoir chez soi pour sa défense ; tous ces principes, toutes ces grandes pensées, toutes ces graves questions appartiennent aux assemblées générales qui précédèrent la révolution et la déterminèrent.

Ainsi, ces vastes réunions n'étaient pas seulement des assemblées électorales, mais des comices où l'on discutait les bases de la société nouvelle. On peut dire que ce sont les assemblées primaires de 1789 qui ont sérieusement composé la partie législative et morale de la révolution. Elles étaient donc en quelque sorte de petits corps législatifs appelés à préparer la constitution et les lois.

Les vieux citoyens qui ont assisté à ces débats primitifs, attestent que jamais délibérations ne furent plus larges et plus précises, que là, le bon sens de la pratique s'alliait à l'élévation et à la hardiesse de la théorie, et qu'ils ont entendu les plus simples hommes discuter avec une haute éloquence, sans sortir des bornes de la justice et de la raison.

C'était le peuple cependant qui parlait, prononçait et rédigeait : et c'est du sein de ce peuple que s'est élevée cette œuvre magnifique qui a étonné et affranchi le monde.

C'est ce peuple qui a apporté une à une toutes les pierres qui devaient composer l'édifice, c'est lui qui a fourni tous les matériaux, et c'est lui enfin qui, dans son omnipotence, a choisi les architectes qui devaient, suivant ses inspirations, établir le plan et monter l'édifice.

Avais-je donc tort de dire, quelques pages plus haut, que c'était le peuple qui, toujours et partout, avait tout fait.

Le précédent est décisif. Dira-t-on

qu'aujourd'hui les citoyens sont moins intelligents, moins instruits, moins amis de l'ordre, plus méchants dans leurs passions, moins grands dans leur patriotisme, qu'à cette époque? Fera-t-on à notre génération l'affront de lui préférer les deux ou trois générations qui l'ont précédée? Est-ce que depuis 50 années le domaine de la science et de la pensée ne s'est pas étendu, généralisé? Est-ce qu'il n'y a pas aujourd'hui une plus grande diffusion des connaissances qu'en aucun autre temps? Osez donc nous dire que nous avons reculé, et les faits viendront aussitôt démentir cette assertion. Pourquoi en 1841, contester la valeur ou redouter l'influence d'une mesure qui a eu des résultats si admirables en 1789? Pourquoi refuser au peuple actuel la faculté de se réunir pour choisir ceux qu'il estime mériter à un plus haut point sa confiance? Pourquoi douter de la sagacité des citoyens et de leur moralité?

Est-ce que le peuple d'aujourd'hui n'est pas capable d'accomplir la plus petite partie de ce qu'ont accompli ses pères?

Ses pères ont discuté, délibéré sur les points fondamentaux de la politique, et ont contribué à la création d'une œuvre immortelle!

Et leurs enfants, en vertu de cette œuvre, ne seraient pas capables de se réunir pour une simple élection.

Le bon sens dicte la réponse, et hâtons-nous de le dire, s'il n'y avait pas des intérêts égoïstes et pervers qui redoutent le jour où il n'y aurait plus nulle part ni dans les lois ni dans le gouvernement des appuis pour l'intrigue ou le vol, la question ne serait pas douteuse, et par un accord unanime, le peuple jouirait de ses comices.

Richesses que le peuple à fournies à l'histoire.

L'homme n'est pas suffisamment doué pour qu'il puisse négliger quelques unes des richesses que Dieu a mises sous sa main.

Il n'est pas trop de toutes les intelligences et de tous les efforts pour aggrandir et accroître le développement intellectuel, moral et matériel de notre grande famille.

Non-seulement cela n'est pas dans l'intérêt de la société, mais cela n'est pas dans son droit.

Lorsque par un effet de la volonté, par des causes venant immédiatement de la loi, il arrive que des germes humains demeurent stériles dans le sein qui les porte, il y a perte pour la société et dommage pour les individus.

Il y a de plus manquement à Dieu, une loi humaine entrave le mouvement d'une loi providentielle.

C'est donc une affaire de conscience, une affaire bien sérieuse que celle qui touche à ces points délicats.

La semence divine a été répandue à pleines mains sur la multitude.

La sagesse infinie n'a pas fait du génie ou de la vertu un privilège de temps, de contrée, de caste ou de race.

Les hommes sont égaux devant elle, depuis le premier jour de la création jusqu'à la fin des temps, depuis les lieux où le soleil se lève jusqu'aux lieux où il se couche, depuis la première famille jusqu'aux diverses races qui se sont multipliées sur le globe, et ont fourni sa population actuelle.

Chaque règne, chaque condition et chaque race ont toujours eu à leur disposition les mêmes faveurs et les mêmes chances.

Le peuple, pauvre et laborieux, a fourni à l'élite de l'humanité un large contingent, et pour témoignage de reconnaissance, les lois politiques de notre temps, s'accordent presque toutes à lui refuser une participation honorable aux affaires de l'Etat.

Considérez cependant avec attention ces masses que vous rejetez, et qui vivent au milieu de vous isolées, sans action propre, triste jouet des passions et des hasards de la politique ; ne renferment-elles pas des richesses dans leur sein? N'ont-elles pas fourni à la société des grandeurs de tous genres? Leurs enfants n'ont-ils pas activé la marche des sciences, des lettres et des arts? N'ont-ils pas brillé dans la civilisation? N'ont-ils pas été appelés dans les conseils des rois? N'ont-ils pas été les appuis de bien des trônes, les sauveurs de la patrie? N'en est-il aucun qui ait gagné des batailles, réformé des abus, gouverné des royaumes et l'Eglise? Prenez leurs noms et vous verrez à leur suite les épithètes les plus magnifiques. Ne dit-on pas Schakespeare-le-Grand, comme on dit Louis-le-Grand, et cependant Schakespeare était le fils d'un pauvre boucher de la cité de Londres.

Mais voulez-vous que nous comptions rapidement les nombreuses étoiles qui du sein de la multitude ont monté dans le ciel? Sans nous perdre dans le lointain d'un autre âge, sans dépasser notre ère, en laissant de côté Homère, Esope Lockman, ces deux pauvres esclaves, prenons notre jour à la date chrétienne.

Et d'abord qui vient changer la face de la terre, briser le culte de la matière, et faire triompher l'esprit? Qui vient appeler l'homme à l'immortalité? Qui vient lui révéler sa phase éternelle et glorieuse? Qui vient annoncer la bonne nouvelle au monde? Dans quelle race se cache le Dieu? Où est la pourpre qui recouvre le berceau du Sauveur des hommes? — Il naît d'un ouvrier obscur, dans une étable au milieu des signes du travail et de la misère, ces deux vocations humaines.

Et quand son heure est venue, et qu'il paraît au milieu du peuple, où va-t-il chercher ses compagnons et ses apôtres? Est-ce parmi les rois, les grands de la terre? Va-t-il dire à César : Descends de ton trône et suis-moi ! Douze pauvres pêcheurs sans lettres et sans sciences, n'ayant qu'une âme pure, sont les agents de sa pensée et doivent, après avoir suivi les mystères et les douleurs de la Rédemption, s'en aller à travers le monde, fonder l'Église universelle et la sceller de leur sang. L'œuvre est-elle assez belle? Le peuple y a-t-il une assez large part? Puis viennent aussitôt ces grands phénomènes de l'histoire que nous sommes habitués à admirer sans connaître la source d'où ils émanent. Epictète, l'affranchi de Néron, Gallien, le fils d'un architecte, Tertullien, né d'un pauvre centenier, Epicure dont les parents vivaient misérablement, Eusèbe et Lactance de naissance inconnue.

En traversant quelques siècles, Mahomet, Omar, Aly, sortent du sein du peuple pour venir dominer la terre.

Au dixième siècle, dans la chrétienté, Gerbert quitte l'obscurité de sa famille pour s'élever jusqu'à la chaire de saint Pierre.

Hildebrand le suit. Fils d'un charpentier de Soano, il s'appelle bientôt Grégoire VII, et appesantit son pied sur les peuples et sur les rois.

Suger gouverne le royaume de France comme s'il était d'une tige royale.

Au treizième siècle, vous comptez Molière avec sa fine lame de pur acier, qu'il plonge à tant de reprises dans le cœur de la société; J.-B. Rousseau le psalmiste; Fléchier l'une des gloires de l'épiscopat et des lettres; Rollin le maître universel; tous fils d'artisans, nés sans éclat, sans appui, au milieu des labeurs quotidiens de la famille.

Et ceux qui ont sauvé leurs pays étaient-ils tous de nobles races?

Les trois libérateurs de la Suisse étaient de simples laboureurs ; Jeanne-d'Arc qui sauva ce sol des mains de l'Angleterre, naquit dans une chaumière ; les femmes de Beauvais ; les braves de Saint-Jean-de-Losne, et toutes ces masses profondes de soldats qui depuis Clovis jusqu'à Napoléon sont tombés victimes de leur ardeur pour la gloire, et de leur amour pour la patrie, n'étaient-ils pas des enfants du peuple ?

A l'étranger, voyez ce que deviennent de chétifs gardeurs de pourceaux ? Les Pizzarre vont soumettre l'Amérique et y régner, Sixte-Quint quitte sa bergerie pour gouverner la chrétienté.

Dans les arts, le Giotto, Ribeira, faute de pinceaux et de toiles, jettent sur le sable les premiers efforts de leur génie ; le Tintoret sort de l'atelier de son père pour agrandir le domaine de l'intelligence; Raphaël mérite qu'on l'appelle le divin, et le vieil Amyot commence dans la boutique paternelle sa traduction merveilleuse des grands hommes de Plutarque.

Voici venir enfin pour clore le dix-huitième siècle, la pléïade des auteurs philosophiques de ce temps, au milieu de laquelle brille J.-J. Rousseau, le fils de l'horloger de Genève.

Tandis que la France s'honore de leurs chefs-d'œuvre, les États-Unis applaudissent dans les conseils de la nation un modeste ouvrier typographe, du nom de Francklin, et lui décernent bientôt l'honneur de les représenter en Europe.

Et actuellement que nous voilà à la révolution française, nous ne pouvons plus compter, il faut choisir. Tous les acteurs de ce drame immense sont les fils de leurs œuvres; la veille ils dormaient dans la masse commune, c'étaient de simples ouvriers, les uns maniant le rabot, applanissant le bois, les autres frappant les arbres de leur cognée pour les abattre, ceux-ci labourant la terre, ceux-là plaidant obscurément dans quelque ville ou village de province, et le lendemain, c'étaient des hommes d'état, des politiques habiles, des réformateurs hardis qui applanissaient la société, renversaient les institutions et les trônes, remuaient le sol du pays pour y jeter des semences nouvelles, et de bout sur la tribune aux harangues indiquaient du geste et de la voix à la nation rassemblée et béante la route qu'elle devait suivre, le but lumineux qu'il fallait atteindre.

A côté de ces génies de l'ordre civil, venaient se placer de simples soldats qui, inspirés par le danger commun, devenaient subitement des généraux habiles et des vainqueurs glorieux.

Vous dirai-je tous ces noms, illustres rejettons que la tige populaire a poussés en un jour. Ils sont présents à toutes les mémoires; dans le sein de notre génération, il y a des hommes de cette taille et de cette vertu; non, nous ne sommes pas dégénérés, flétris, déshérités.

Eh bien! ces hommes actuellement inconnus, ces génies ignorés, perdus dans la foule, sont condamnés par la loi à n'être que des ilotes politiques; vous ne leur donnez pas même le droit de déléguer leur confiance; tout se fait sans eux, en dehors d'eux, et trop souvent contre eux.

S'ils avaient accès dans les assemblées primaires, ils seraient élus pour aller siéger dans les assemblées électorales; là ils trouveraient l'occasion de se révéler, et ils sauraient bien prendre leur place dans le mouvement général de la société! Le génie est comme l'eau, chaque fois qu'une force étrangère ne la détourne pas de sa voie naturelle, elle reprend son niveau.

Laissez donc venir dans la loi ces longues files de citoyens honnêtes, laborieux, qui vivent à côté de vous et pour vous, introduisez-les respectueusement dans le sanctuaire, et dites-vous en les voyant passer : Il y a parmi ces laboureurs, ces ouvriers, des intelligences d'élite, qui n'attendent qu'une occasion pour se produire et ajouter des diamants à notre couronne.

FIN.

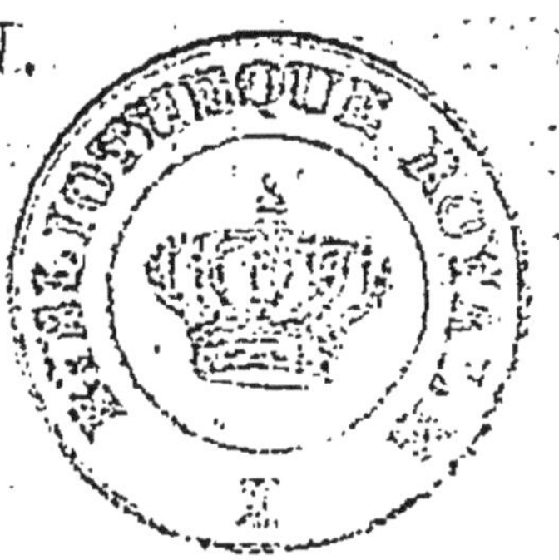

CATALOGUE

DES

PUBLICATIONS POPULAIRES,

Historiques, Politiques, Philosophiques et Littéraires,

DE

PAGNERRE, ÉDITEUR,

RUE DE SEINE, 14 BIS.

(Juillet 1841.)

DICTIONNAIRE POLITIQUE,

Encyclopédie

DU LANGAGE ET DE LA SCIENCE POLITIQUES,

PAR

les Notabilités de la Presse et du Parlement,

avec une introduction

par GARNIER-PAGÈS, député.

Conditions de la Souscription.

Le DICTIONNAIRE POLITIQUE, imprimé avec luxe, caractères entièrement neufs, sur très-beau papier vélin, formera *un seul volume* grand in-8 jésus à deux colonnes de 1,000 pages.

Il est publié par livraisons de 24 pages, 48 colonnes, renfermées dans une couverture imprimée.

Il paraît deux livraisons par mois.

Il aura quarante livraisons qui contiendront la matière de plus de 15 volumes in-8 ordinaires.

La trentième livraison est en vente. — **50** c. la livraison.

Les vingt premières livraisons, brochées en un beau volume in-8, sont en vente depuis le mois d'août 1840.

PRIX : 10 FRANCS.

L'ouvrage sera terminé le 30 octobre 1841.

M. Cormenin.

DROIT ADMINISTRATIF,

5e édition, revue, augmentée,

ET PRÉCÉDÉE D'UNE INTRODUCTION.

2 forts volumes in-8 grand-raisin. 16 fr. 50 c.

ÉTAT DE LA QUESTION. Pamphlet publié lors des élections de 1839. In-32. 50 c.

UN MOT sur le pamphlet de police intitulé : *La Liste civile dévoilée* (1837). In-32. 25 c.

CONCLUSUM. Troisième pamphlet sur l'apanage. 15 c.

LE MAITRE D'ÉCOLE. 16 pages in-32 vélin, avec deux jolies vignettes. 3 fr. le cent. L'ex. : 5 c.

PORTRAIT DE M. CORMENIN, lithographié par **JULLIEN.** In-4. 25 c.

Timon.

QUESTIONS SCANDALEUSES D'UN JACOBIN, au sujet d'une Dotation ; suivie de la *Réfutation du Rapport de M. Amilhau* (1840). 17e édition. In-32. 50 c.

Sous Presse.

4 volumes in-32 jésus vélin, qui contiendront : — 1° tous les pamphlets sur **LA LISTE CIVILE, L'APANAGE** et **LA DOTATION.** 2 vol. ; — 2° les quatre pamphlets sur la **DÉFENSE DE L'ÉVÊQUE DE CLERMONT** et divers articles sur les *Appels comme d'abus*, 1 vol. ; — 3° **LES DIALOGUES DE MAITRE PIERRE.** 1 vol.

Timon.

LIVRE DES ORATEURS,

11e Édition

augmentée de plus de moitié,

ILLUSTRÉE PAR 26 MAGNIFIQUES PORTRAITS,

peints d'après nature ou empruntés à nos grands maîtres,

ET GRAVÉS SUR ACIER PAR L'ÉLITE DE NOS ARTISTES.

1 vol. in-8 imprimé avec luxe par SCHNEIDER et LANGRAND, sur papier grand jésus vélin glacé, des fabriques du *Marais*, et publié en vingt-huit ou trente livraisons.

PRIX : 50 C. LA LIVRAISON.

Il paraît une livraison tous les samedis.

La première livraison a paru le 17 avril. — L'ouvrage sera terminé à la fin d'octobre.

LISTE
des
VINGT-SIX PORTRAITS.

Mirabeau, Danton, Napoléon Bonaparte, Manuel, De Serre, De Villèle, Foy, Martignac, Royer-Collard, Benjamin Constant, Guizot, Thiers, Berryer, Fitz-James, Casimir Perrier, Dupin aîné, Sauzet, Lamartine, Mauguin, Odilon-Barrot, Garnier-Pagès, Lafayette, Laffitte, Arago, O'Connell, et celui de l'Auteur.

NOMS
des
PEINTRES ET DES GRAVEURS.

Ch. Blanc, Bosselmann, J. Caron, Calamatta, David (le peintre), David (le statuaire), P. Delaroche, Drolling, Gianni, Giroux, Gouthière, Gros, Hersent, Ladérer, Marckl, Rouillard, A. Scheffer, H. Scheffer, Vallot, Horace Vernet.

Mesdames De Mirbel et De Montfort.

NOTA. Il a été tiré 100 exemplaires des portraits sur papier de Chine *avant la lettre*. Le prix de la livraison est de 75 c.

M. Lamennais.

ESQUISSE D'UNE PHILOSOPHIE.

3 beaux et forts vol. in-8.—22 fr. 50 c.

L'ouvrage est aussi publié en neuf livraisons à 2 fr. 50 c.

On peut retirer — par livraison — par volume — ou l'ouvrage entier.

DISCUSSIONS CRITIQUES ET PENSÉES DIVERSES SUR LA RELIGION ET LA PHILOSOPHIE (avril 1841). 1 beau vol. in-8. 5 fr.

LE LIVRE DU PEUPLE. 1 joli vol. in-32, jésus vélin. 7e édition. 1 fr. 25 c.

Le même, nouvelle édition augmentée d'une préface, et imprimée avec luxe. 1 vol. in-8. 2 fr. 50 c.

PAROLES D'UN CROYANT. Nouvelle et très-jolie édition. 1 vol. in-32. 75 c.

Le même. 1 vol. in-8. 2 fr. 50 c.

AFFAIRES DE ROME. 3e édition. 2 vol. in-32. 2 fr. 50 c.

POLITIQUE A L'USAGE DU PEUPLE. 4e édition. 2 vol. in-32. 2 fr. 50 c.

DE L'ESCLAVAGE MODERNE (décembre 1839). 4e édition. 1 vol. in-32. 75 c.

QUESTIONS POLITIQUES ET PHILOSOPHIQUES. 2 vol. in-32. 2 fr. 50 c.

DE LA RELIGION (mai 1841). 1 vol. in-32. 1 fr. 25 c.

DU PASSÉ ET DE L'AVENIR DU PEUPLE (juin 1841). 1 vol. in-32. 1 fr. 25 c.

SERVITUDE VOLONTAIRE. In-8. 1 fr. 50 c.

PROCÈS DE M. LAMENNAIS, à l'occasion de l'écrit intitulé : *le Pays et le Gouvernement*. Relation complète, contenant les faits préliminaires, le réquisitoire, les plaidoiries, tous les passages lus par l'accusation ou par la défense, l'opinion des journaux, etc. ; suivie d'une Notice biographique et littéraire sur M. Lamennais, par M. ÉLIAS REGNAULT. 1 vol. in-8. 1 fr.

M. Cabet.

HISTOIRE POPULAIRE DE LA RÉVOLUTION FRANÇAISE,

DE 1789 A 1830,

PRÉCÉDÉE D'UNE INTRODUCTION CONTENANT UN

PRÉCIS DE L'HISTOIRE DES FRANÇAIS,

depuis leur origine jusqu'aux États généraux.

NOUVELLE SOUSCRIPTION publiée en trente-six livraisons de 4 feuilles ou 64 pages chacune. — Il paraît une livraison tous les samedis.

PRIX : 50 C. LA LIVRAISON.

L'ouvrage forme 4 beaux vol. in-8 de plus de 500 pages, imprimés avec soin sur très-beau papier.

4 FR. 50 C. LE VOL. — 18 FR. L'OUVRAGE COMPLET.

On peut retirer — par livraison — par volume — ou l'ouvrage entier.

RÉVOLUTION DE 1830 ET SITUATION PRÉSENTE, expliquées et éclairées par les révolutions de 1789, 1792, 1779 et 1804, et par la restauration. 2 vol. in-12. 1 fr. 20 c.
Le même. 1 beau vol. in-8, papier fin. 5 fr.

M. Louis Blanc.

Sous Presse.

RÉVOLUTION FRANÇAISE, HISTOIRE DE 10 ANS,

1830 — 1840.

4 vol. in-8, publiés en 64 livraisons.

PRIX : 25 C. LA LIVRAISON.

DE L'ORGANISATION DU TRAVAIL. 1 vol. in-32. 50 c.

Garnier-Pagès.

Sous Presse.

DISCOURS prononcés à la tribune de 1831 à 1841.

M. Altaroche.

CONTES, DIALOGUES ET MÉLANGES DÉMOCRATIQUES. 2e édition. 1 joli vol. in-32, jésus vélin. 1 fr. 25 c.

CHANSONS POLITIQUES (1835). 1 joli vol. in-18. 5 fr.

CHANSONS POLITIQUES (nouvelles). 2e édition. 1 joli vol. in-32, jésus vélin. 1 fr. 25 c.

LA RÉFORME ET LA RÉVOLUTION, Paraboles historiques (juin 1841). 1 joli vol. in-32. 1 fr. 25 c.

M. Chapuys-Montlaville.

ÉTUDE SUR TIMON. 1 vol. in-32. 3e édition. 25 c.

MAZAGRAN, récit des journées des 3, 4, 5 et 6 février. 1 vol. in-32. 5e édition. 50 c.

RÉFORME ÉLECTORALE : LE PRINCIPE ET L'APPLICATION (juillet 1841). 1 vol. in-32. 1 fr. 25 c.

M. Auguste Luchet.

RÉCIT DE L'INAUGURATION DE LA STATUE DE GUTENBERG et des fêtes données à Strasbourg les 24, 25 et 26 juin 1840; par Aug. LUCHET, délégué par la Société des gens de lettres aux fêtes de l'Inauguration; orné d'une jolie vignette représentant la statue de GUTENBERG, par David (d'Angers). 1 vol. in-32. 1 fr. 25 c.

JUSTES FRAYEURS D'UN HABITANT DE LA BANLIEUE à propos des fortifications de Paris. 1 volume. in-32. 50 c.

M. V. Schœlcher.

ABOLITION DE L'ESCLAVAGE, examen critique du préjugé contre la couleur des Africains et des sang-mêlés. 1 vol. in-32 jésus vélin. 1 fr. 25 c.

M. Charles Didier.

NATIONALITÉ FRANÇAISE (1841). 1 vol. in-32. 75 c.

J. Bentham.

CATÉCHISME DE LA RÉFORME ÉLECTORALE, précédé d'une lettre à TIMON sur l'état actuel de la démocratie en Angleterre; par M. ÉLIAS REGNAULT. 1 vol. in-32, orné du portrait de Bentham. 1 fr. 25 c.

SOPHISMES PARLEMENTAIRES, traduits de l'anglais et précédés d'une lettre à M. GARNIER-PAGÈS, sur l'*Esprit de nos Assemblées délibérantes*, par M. ÉLIAS REGNAULT. 1 beau vol. in-8. 5 fr.

Sous Presse.

TACTIQUES DES ASSEMBLÉES DÉLIBÉRANTES. 1 vol. in-8.

P.-J. Béranger.

OEUVRES COMPLÈTES DE P.-J. BÉRANGER. Nouvelle et très-jolie édition (1841). 3 vol. in-32, ornés d'un beau portrait. 3 fr. 50 c.

P.-L. Courier.

PAMPHLETS politiques et littéraires, avec la Notice de A. CARREL. 2 vol. in-32, jésus vélin. 2 fr. 50 c.

J.-B. Say.

PETIT VOLUME contenant quelques aperçus des Hommes et de la société. 3e édition. 1 vol. in-32. 2 fr.

Sieyès.

QU'EST-CE QUE LE TIERS-ÉTAT? Brochure publiée en 1789, par SIEYÈS, précédée d'une introduction par M. CHAPUYS-MONTLAVILLE, député. 1 vol. in-32, orné du portrait de Sieyès. 1 fr. 25 c.

Général Pépé.

L'ITALIE POLITIQUE, avec une Introduction, par M. CH. DIDIER (1840). 1 vol. in-32. 2 fr.

Agricol Perdiguier.

LE LIVRE DU COMPAGNONNAGE; par A. PERDIGUIER, dit *Avignonais-la-Vertu*. 2e édition considérablement augmentée. 2 vol. in-32. 2 fr. 50 c.

Élias Regnault.

HISTOIRE CRIMINELLE DU GOUVERNEMENT ANGLAIS, depuis les premiers massacres de l'Irlande jusqu'à l'empoisonnement des Chinois. 1 vol. in-8 de 500 pag. 4 fr.

M. Eusèbe de Salle.

PÉRÉGRINATIONS EN ORIENT, ou Voyage pittoresque, historique et politique, en Égypte, Syrie, Palestine, Turquie, Grèce, etc., pendant les années 1837, 1838, 1839 et 1840. 2 forts vol. in-8. 15 fr.

M. Alexis Dumesnil.

HISTOIRE DE L'ESPRIT PUBLIC EN FRANCE depuis 1789, des causes de son altération et de sa décadence. 2ᵉ édition. 1 beau vol. in-8. 5 fr.

M. Courcelle-Seneuil.

LE CRÉDIT ET LA BANQUE, études sur les réformes à introduire dans l'organisation de la Banque de France et des Banques départementales, contenant un exposé de la constitution des Banques américaines, écossaises, anglaises, françaises. In-8. 2 fr.

Général Soltyk.

LA POLOGNE, Précis historique, politique et militaire de sa révolution, précédé d'une esquisse de l'histoire de la Pologne, depuis sa fondation jusqu'en 1830; par ROMAN SOLTYK, membre de la diète, général de brigade d'artillerie. 2 vol. in-8, accompagnés de 4 cartes et de 4 portraits. 16 fr.

Cet ouvrage est, jusqu'à ce jour, le plus exact et le plus complet qui ait été publié sur la révolution de Pologne.

M. L. Reybaud.

ÉTUDES SUR LES RÉFORMATEURS CONTEMPORAINS : Saint-Simon, Fourier et Owen. 1 vol. in-8. 2ᵉ édition. 7 fr. 50 c.

NÉMÉSIS; par BARTHÉLEMY. 2 beaux et forts vol. in-32. 3 fr.

Lalouel.

LES ORATEURS DE LA GRANDE-BRETAGNE, depuis Charles Ier jusqu'à nos jours (juin 1841), précédés d'une lettre de M. DE CORMENIN. 2 vol. in-8. 15 fr.

Miss Martineau.

VOYAGE AUX ÉTATS-UNIS, ou *Tableau de la société américaine*, comprenant : institutions politiques, gouvernement, administration, budget, douanes, propriété, esclavage, commerce, industrie, manufacture, salaire, voies de communication, mœurs, habitudes, religion, etc., etc.; par miss MARTINEAU; traduit de l'anglais par M. BENJAMIN LAROCHE. 2 forts vol. in-8. 5 fr.

M. Armand Marrast.

VINGT JOURS DE SECRET, ou le Complot d'avril. 1 vol. in-8. 75 c.

PARIS RÉVOLUTIONNAIRE.

Par MM. Altaroche, Arago, Cavaignac, Cormenin, F. Degeorge, Fontan, Hauréau, Laponneraye, A. Luchet, A. Marrast, F. Pyat, Raspail, Trélat, etc., etc., *nouvelle publication*. 4 beaux et forts vol. in-8. — L'ouvrage complet. 9 fr.

BIOGRAPHIES.

BIOGRAPHIE DES DÉPUTÉS (Chambre actuelle). 1 gros vol. in-32. 2 fr.

LES HOMMES DU MOUVEMENT ET LES HOMMES DE LA RÉSISTANCE. Biographie politique des Ministres, des Députés, des Pairs de France, etc. (publié à la fin de 1830). 1 vol. in-18. 2 fr.

BIOGRAPHIE DES DÉPUTÉS (session de 1831). 1 volume in-8. 2 fr. 50 c.

COMPTES RENDUS DES SESSIONS LÉGISLATIVES, publiés par la Société *Aide-toi, le Ciel t'aidera*. — Sessions de 1832, 1833 et 1834. — 3 vol. in-8. 7 fr. 50 c.

Chaque volume se vend séparément 2 fr. 50 c.

Collection de Procès politiques,

DEPUIS LA RÉVOLUTION DE 1830.

15 VOL. IN-8 : 50 FR.

Les procès suivants se vendent séparément :

PROCÈS DES ACCUSÉS D'AVRIL devant la Cour des Pairs. — PROCÈS DU RÉFORMATEUR devant la Chambre des Députés. — PROCÈS DES DÉFENSEURS DES ACCUSÉS D'AVRIL devant la Chambre des Pairs. 5 vol. in-8. 10 fr.

Cette publication est la seule qui présente la réunion complète de tous les actes, documents et faits relatifs au procès d'avril.

— DE FIESCHI devant la Cour des Pairs. 3 beaux vol. in-8, avec un plan de la Chambre des Pairs. 6 fr.

— DES ACCUSÉS DU COMPLOT DE NEUILLY devant la Cour d'assises. 1 vol. in-8. 1 fr. 50 c.

— DES DIX-NEUF PATRIOTES (ou des Artilleurs). 1831. In-8. 2 fr. 50 c.

— DES QUINZE (1832). 1 vol. in-8. 2 fr.

— ET PRISON. — Impression de Sainte-Pélagie, par H. DAVID DE THIAIS. In-8. 1 fr.

— DU DROIT D'ASSOCIATION (ou de la *Société des Amis du Peuple*). In-8. 75 c.

— DE M. CABET (1834). 50 c.

— DU NATIONAL devant la Chambre des Pairs. 40 c.

C'est le procès dans lequel Carrel a protesté contre le jugement du maréchal Ney.

— DU PROPAGATEUR DU PAS-DE-CALAIS. 25 c.

— DU PATRIOTE DE LA COTE-D'OR. 25 c.

— DE LA TRIBUNE (81e et 82e); condamnation à 22,000 fr. d'amende, cinq ans de prison. In-8. 10 c.

— DE DUPOTY, rédacteur du *Réformateur*. In-8. 20 c.

— DE VIGNERTE. 20 pages in-8. 15 c.

— DES VINGT-SEPT. *Raspail, Kersausie*, etc. In-8. 15 c.

— **DU PATRIOTE DE L'ALLIER**; discours d'*Achille Roche* et *Trélat*. In-12. 10 c.

— **DE DELENTE** (ou des crieurs publics). In-8. 10 c.

— **DE LA GLANEUSE**. In-8. 5 c.

— **DE PROSPER**. 50 c.

— **ET ACQUITTEMENT DU NATIONAL** (affaire de l'ordonnance sur l'avancement); plaidoirie de Me *Michel (de Bourges)*. In-8. 50 c.

— **DE HUBER ET DE SES COACCUSÉS**. 1 vol. in-8. 1 fr.

— **DE LAITY** devant la Cour des Pairs; plaidoirie de Me *Michel*. 1 vol. in-8. 1 fr.

— **DE M. GISQUET** contre le *Messager*. 1 vol. in-8. 1 fr. 25 c.

— **DES ACCUSÉS DES 12 ET 13 MAI. PREMIÈRE CATÉGORIE.** *Barbès* et autres. 1 vol. in-8. 2 fr. 75 c.

Idem. DEUXIÈME CATÉGORIE. *Blanqui* et autres. 50 c.

— **DE M. F. LAMENNAIS**. Relation complète contenant les faits préliminaires, le réquisitoire, tous les passages incriminés, les plaidoiries, la déclaration de M. F. Lamennais, l'opinion des journaux, etc., suivi d'une Notice biographique et littéraire sur M. Lamennais, par ÉLIAS REGNAULT. 1 vol. 1 fr.

— **DE NAPOLÉON-LOUIS BONAPARTE** devant la Cour des Pairs. 1 vol. in-8. 2 fr. 25 c.

— **DE DARMÈS** devant la Cour des Pairs. 1 vol. in-8. 75 c.

LETTRE D'UN DÉFENSEUR AUX ACCUSÉS D'AVRIL; par M. SAINT-ROMME. 25 c.

DISCOURS DE LAGRANGE devant la Cour des Pairs. In-8. 10 c.

DISCOURS DE TRÉLAT devant la Cour des Pairs. In-8. 10 c.

PROCÈS DE MADAME LAFARGE. Relation exacte et complète des affaires du vol des diamants et d'empoisonnement. 2e édition. 1 vol in-8. 3 fr.

Idem. DEUXIÈME PARTIE. Cour de Cassation. 50 c.

BIBLIOTHÈQUE POLITIQUE,

collection de jolis volumes in-32,

IMPRIMÉS AVEC LUXE

sur papier grand jésus vélin.

Chaque ouvrage se vend séparément.

LAMENNAIS.—PAROLES D'UN CROYANT. 1 vol. 75 c. —LIVRE DU PEUPLE. 1 vol. 1 fr. 25 c. — AFFAIRES DE ROME. 2 vol. 2 fr. 50 c. — POLITIQUE A L'USAGE DU PEUPLE. 2 vol. 2 fr. 50 c. — DE L'ESCLAVAGE MODERNE. 1 vol. 75 c. — QUESTIONS POLITIQUES ET PHILOSOPHIQUES. 2 vol. 2 fr. 50 c. — DE LA RELIGION. 1 vol. 1 fr. 25 c. — DU PASSÉ ET DE L'AVENIR DU PEUPLE. 1 vol. 1 fr. 25 c. — Ensemble 11 vol. 12 fr. 75.

CORMENIN. — LETTRES SUR LA LISTE CIVILE ET L'APANAGE. 1 vol. 2 fr. — UN MOT sur le pamphlet de police intitulé la *Liste civile dévoilée.* 25 c. — CONCLUSUM sur l'apanage. 15 c.—ÉTAT DE LA QUESTION (1839). 50 c.—MAÎTRE D'ÉCOLE. 5 c.

TIMON. — QUESTIONS SCANDALEUSES D'UN JACOBIN au sujet d'une dotation (1840). 50 c.—TRÈS-HUMBLES REMONTRANCES DE TIMON au sujet de la loi des Lapins. 1 fr.

GARNIER-PAGÈS. — *Sous Presse.* — SES DISCOURS.

J. BENTHAM. — CATÉCHISME DE LA RÉFORME ÉLECTORALE, traduit de l'anglais par M. Élias Regnault. 1 volume. 1 fr. 25 c.

SIEYÈS. — QU'EST-CE QUE LE TIERS-ÉTAT ? 1 vol. 1 fr. 25 c.

P.-L. COURIER. — PAMPHLETS POLITIQUES ET LITTÉRAIRES. 2 vol. 2 fr. 50 c.

P.-J. BÉRANGER. — ŒUVRES COMPLÈTES. 3 vol. 3 fr. 50 c.

ALMANACHS.

Ces almanachs sont publiés chaque année, ils paraissent en septembre.

LE TRIPLE LIÉGEOIS,

ou

Le Nouveau Mathieu Laensberg.

LE TRIPLE LIÉGEOIS contient 100,000 LETTRES DE PLUS que les plus gros almanachs, il jouit d'une grande popularité. Imprimé sur du papier très-fort, quoique blanc, **LE TRIPLE LIÉGEOIS** est orné d'un grand nombre de jolies vignettes.

PRIX : **6 SOUS.**

100 exemplaires, 20 fr. ; 250, 48 fr. ; 500, 95 fr. ; 1,000, 185 fr. 2,000, 360 fr. ou 18 c. l'exemplaire.

LE NOUVEAU DOUBLE LIÉGEOIS. 5 sous; 15 fr. le cent.

LE DOUBLE ALMANACH FRANÇAIS, ou le Nouveau Nostradamus. 4 sous; 12 fr. 50 le cent.

LE VILLAGEOIS, almanach de l'agriculture et des campagnes. 3 sous; 10 fr. le cent.

LE PETIT LIÉGEOIS. 2 sous; 7 fr. le cent.

LE VÉRITABLE, almanach universel, très-gros vol., contenant 300 pages. 8 sous; 25 fr. le cent.

Tous ces Almanachs sont étrangers à la politique.

Almanachs de M. Gauthier.

LE GRAND ASTROLOGUE UNIVERSEL, ou le véritable Triple Liégeois journalier; par MATHIEU LAENSBERG. 25 cahiers. Le cent, 25 fr.

LE VÉRIDIQUE, almanach sans pareil. 25 cahiers. Le cent, 25 fr.

SOUVENIRS D'UN GRAND HOMME, almanach journalier. 25 cahiers. Le cent, 25 fr.

LE VÉRITABLE NOSTRADAMUS, almanach journalier. 25 cahiers. Le cent, 25 fr.

LE VÉRITABLE DOUBLE LIÉGEOIS, almanach journalier. 21 cahiers. Le cent, 20 fr.

Le même de 17 cahiers. Le cent, 15 fr.

Le même, de 14 cahiers. Le cent, 12 fr. 50 c.

Le même, de 11 cahiers. Le cent, 10 fr.

Le même, de 5 cahiers. Le cent. 5 fr.

DIALOGUE SUR LES CAISSES D'ÉPARGNE; par M. CORMENIN, député. 8 pages in-8. 5 c.

LES CAISSES D'ÉPARGNE; par M. DE LAMARTINE, député. 8 pages in-8. 5 c.

Plusieurs caisses d'épargne des départements, qui ont fait distribuer un grand nombre de ces écrits populaires, en ont obtenu d'excellents résultats.

PRIX POUR LES CAISSES D'ÉPARGNE :

1,000 exemplaires des deux écrits, 500 de chaque, 25 fr. — 2,000, 48 fr. — 3,000, 70 fr. — 5,000, 110 fr. — Et 10,000, 200 fr. On peut demander indistinctement l'un ou l'autre écrit.

ALMANACH DÉMOCRATIQUE

DE LA FRANCE,

PAR

les Rédacteurs du DICTIONNAIRE POLITIQUE.

1 VOL. IN-12 OBLONG

Illustré par de nombreuses Vignettes.

Prix : 50 c.

PRINCIPAUX ARTICLES

DE L'ALMANACH DÉMOCRATIQUE DE 1841.

Utilité des Almanachs politiques, par *Timon*. — De la Souveraineté et du Pouvoir, par *Lamennais*. — Petit Cours de politique, par *E. Duclerc*. — La Réforme électorale, par *Louis Blanc*. — De la Garde Nationale, par *A. Dupoty*. — Budget de 1841. — Petit Cours d'économie politique, par *Courcelle-Seneuil*. — Tableau géographique de l'Europe, par *E. Regnault*. — Pavillons de tous les pays, par *B. Clavel*. — Question d'Orient, par *E. de S.* — Une Journée de la Révolution. — Séance du Jeu de Paume, par *B. Hauréau*. — Les Martyrs de Juillet, par *Chapuys-Montlaville*. — Inauguration de la Colonne de Juillet, par *B. Clavel*. — L'Algérie, par *A. Guilbert*. — Influence de la Révolution française sur l'Allemagne, par *A. Hettmann*. — Le Code Civil, par *Hortensius Saint-Albin*. — Petit Code des Ouvriers, par *H. Celliez*. — Un mot sur notre système agricole. — Chemins de fer. — Des Arcs de Triomphe, par *David (d'Angers)*. — Le Vagabondage, conte démocratique, par *Altaroche*. — Le Dedans jugé par le Dehors, par *Ch. Philippon*. — Inauguration de la statue de Gutenberg à Strasbourg. — La Journée de l'ouvrier, par *Auguste Luchet*. — Toast à Gutenberg, par *Cormenin*. — La Vie des ouvriers de Lyon, par *Kauffmann*. — La Patrie, par *Maître-Pierre*. — Mazagran, par *Chapuys-Montlaville*. — A la France, par *Cormenin* ; etc., etc.

L'Almanach Démocratique paraît chaque année à la fin de septembre.

Imp. SCHNEIDER et LANGRAND, rue d'Erfurth, 1.

www.ingramcontent.com/pod-product-compliance
Ingram Content Group UK Ltd.
Pitfield, Milton Keynes, MK11 3LW, UK
UKHW031047260726
13965UKWH00006B/689

9 782012 979017